KB072038

공공기관 기획쟁이 따라하기

공공기관 기획쟁이 따라하기

공공기관 기획업무를
쉽고 이해하기 편하게 알려주는
기획실무 편람

김태균 | 김창술 | 이범수 지음

휴앤스토리

'왜 공공기관에는 실무편람이란
직무 가이드라인이나 설명서가 없을까?'

공공기관은 직무를 순환하는 인사정책으로 다양한 행정업무를 경험할 수 있다. 약 20년간 공공기관 및 비영리기관 등에 근무하면서 새로운 직무를 시작할 때마다 항상 두려웠고 어떻게 해야 할지 몰라 고민한 적도 많이 있다. 나름대로 업무를 잘해보고 싶은 마음에 혼자 동분서주했던 경험도 있다. 기존에 업무를 진행했던 선임들을 찾아가 자문하고, 가장 효율적으로 업무를 수행하기 위한 나만의 업무방식을 만들기 위해 밤낮으로 노력했던 기억이 있다.

'공공기관에서 행정업무를 한다'라는 것은 박학다식(博學多識)해야 한다는 말과 같다. 많이 알아야 하고 열심히 노력해야 하며 주변을 이해하고 감사할 줄 아는 마음을 가져야 한다. 공공기관 업무는 혼자서 독보적일 수 있는 업무가 아니다. '우리'라는 공동체 의식 속에서 함께 해야 하는 업무가 많아서 개인이 아니라 '우리'라는 생각을 항상 해야 한다.

대표 저자는 공공기관에서 다양한 경영 부문 직무(기획 · 예산 · 평가 · 인사 · 노무 · 총무 · 복무 · 재무 · 교육 · 감사 · 법인 · 법무 등)를 두루두루 경험했다. 직무를 수행하면서 처음 접했던 직무에 대한 어려움은 아직도 생생히 기억한다. 내가 그때 어떻게 그 일을 했을지 하는 아련한 기억도 있다.

공공기관에서 일반행정 업무를 하면서 아쉬웠던 점은 '왜 공공기관에는 실무편람이란 직무 가이드라인이나 설명서가 없을까?' 하는 것이다. 글을 쓰고 있는 지금도 공공기관 직무편람이나 가이드라인 같은 책이나 교육자료를 찾을 수가 없었다. 시중에서 많은 사람이 잘 알고 있는 경영평가 관련 책들은 많이 있었으나, 공공기관 실무역량을 강화할 수 있는 직무역량 관련 책이나 교재가 없는 것이 항상 아쉬움으로 남아 있었다.

공무원은 직무별 실무편람이 있어 처음 업무를 시작하는 직원에게 직무교육을 체계적으로 실시하는데 공공기관 직원은 이런 기회의 제공이 없어 항상 아쉬움을 가지고 있다. 중앙과 지방 공공기관 직원 수만 해도 거의 50만 명이 되는데도 이들을 종합적으로 교육할 수 있는 직무 관련 교육 교재나 업무매뉴얼이 부재하다는 것은 뭔가 문제가 있지 않나 하는 생각이 든다. 그래서 내가 겪었던 경험과 잘못, 업무 수행과정에서 느꼈던 어려움을 내 후임들은 겪지 않게 하고 싶은 마음에 기획 실무에 관한 내용을 이 책에 담아보고자 했다.

이 책은 현직에서 기획부서장을 하면서 부서원들이 직무수행과정에서 어려워했던 사항들 위주로 작성했다. 실무자가 수행하는 직무에 대한 이해를 돕기 위해 직무별 개념을 설명했고 실무를 어떻게 적용하는지에 대한 사례 중심으로 구성했다. 신규직원들이 업무를 시작하면서 가장 어려워하는 점은 어떻게 해야 할지를 모른다는 것이다. 규정에 정해진 절차에 따라 업무를 수행하면 되지만 처음 접하는 직원들은 절차별로 어떤 문서를 만들고, 어떻게 대응하며 준비해야 할지 모르는 경우가 허다하다. 당연한 일이다. 해보지 않은 일을 하다 보니 모를 수밖에 없다. 그래서 기존 선임이 했던 자료를 보고 배우면서 할 수밖에 없는 것이 현실이다. 자문을 얻을 선임이라는 존재가 있으면 그나마 다행이다. 손위 선임이 없을 때는 다른 기관 업무 담당자에게 물어보거나 개인적으로 사비를 내며 전문가나 학원에 의지해 업무를 수행할 수밖에 없는 게 현실이다.

이런 실무적 어려움에 조금이나마 도움이 될 수 있기를 기원하면서 공공기관 기획부서에서 수행하는 직무를 중요도 별로 구분해서 작성했다. 읽어보면서 쉽게 따라 할 수 있도록 작성했기 때문에 편안한 마음으로 책을 읽어보면 실무에서 많은 도움을 얻을 수 있을 것이다.

마지막으로 이번 책에 공동 집필자로 참여해주신 김창술 부장님과 이범수 책임님, 책 쓰는 걸 응원해주고 많은 조언을 해준 정상철 실장님, 한웅 부장님, 이미화 부장님, 오정수 부장님, 차샘 책임님, 이민재 선임님께 감사드립니다. 또한 언제나 응원과 격려를 해주시는 김은수·김재관 형님과 자랑스러운 동생인 윤주황, 평생의 친구인 이상민에게도 고맙다는 말을 전하고 싶습니다.

인생을 살면서 처음으로 '존경'이라는 단어를 실감할 수 있게 해주신 양창주 실장님 감사합니다. 함께 근무하면서 많은 것을 배웠습니다. 인생 선배로서의 표본을 보여주셔서 고맙습니다. 올해를 끝으로 퇴직하시지만 새로운 인생에 도전하는 양창주 실장님을 끝까지 응원하겠습니다. 정말 고생하셨고 감사했습니다.

마지막으로 일하는 방법과 인간관계 형성에 깊은 울림을 주신 김구원 본부장님께도 이번 기회를 빌려 감사의 인사를 드립니다.

이 책을 접하는 모든 분에게 실무적으로 조금이나마 도움이 될 수 있기를 간절히 바라봅니다. 그리고 이 책을 읽는 공공기관 기획쟁이들과 기획업무를 해보고 싶은 공공기관 직원, 그리고 공공기관 취업을 위해 준비하는 모든 분에게 항상 좋은 일만 가득하기를 바랍니다.

감사합니다.

2023년 7월 31일
아름답고 살기 좋고 도시, 수원에서 김태균

• • •

PART 1　들어가기

• • •

PART 2　　**공공기관 기획쟁이 핵심업무**

PART 1

들어가기

01
공공기관 알아보기

　인천국제공항공사, 한국수자원공사, 한국전력공사 등과 같이 이름만 들으면 국민 대부분이 알 수 있는 공기업에서부터 이름도 생소한 기타 공공기관까지 우리나라에는 수많은 공공기관[1]이 내 주변에 존재한다. 기관의 규모와 예산, 인력 등이 기관의 성격에 따라 모두 다르고 수행하는 업무의 가치와 중요도로 인해 인력과 예산의 규모가 다를 수 있다. 공공기관은 설립 근거법에 따라 독점적 사업권을 가지고 있을 수도 있고, 정부 사업을 위탁받아 수행하는 기관도 있다. 공공기관은 이처럼 다양한 형태와 규모, 그리고 역할을 수행하며 국민의 일상에서 늘 함께 있다.

　공공기관에 대한 정보는 기획재정부에서 운영하는 공공기관 경영정보 공개시스템(알리오, https://www.alio.go.kr)을 통해서 자세하게 알

1　공공기관(公共機關)은 정부의 투자·출자·재정 지원 등으로 설립해 운영하는 기관으로, 「공공기관의 운영에 관한 법률」에 근거해 공기업·준정부기관·기타공공기관으로 분류한다. 기획재정부 장관은 매년 공공기관에 대한 분류와 지정을 한다. 이 책에서는 중앙정부에서 설립한 공공기관을 대상으로 기획업무를 소개하도록 하겠다.

수 있다. 기관의 연혁과 근거 법령, 설립목적과 인력규모, 예산과 조직, 그리고 임직원들의 근로조건과 기관 운영 전반에 대한 정보를 알리오에서 등록·관리하고 있다. 공공기관에 관심이 있는 취업준비생이나 다른 공공기관의 현황에 대한 정보를 알고 싶은 업무 담당자는 공공기관 경영정보 공개시스템(알리오)을 이용할 수 있어야 한다.

가. 공공기관 현황

공공기관은 정부 예산(출연금, 보조금, 출자금 등)과 개별 법령 등에 따라 운영하는 기관으로, 설립 근거법에 근거하여 공공의 목적을 달성하기 위해 설립된 기관을 말한다. 2023년 현재 기준으로 347개 기관이 공공기관으로 지정됐고, 공기업 32개, 준정부기관 55개, 기타공공기관 260개로 분류하고 있다. 「2022년 공공기관 관리체계 개편방안」(기획재정부, '22.8.18.)에 따라 공기업 및 준정부기관 분류기준이 상향[2]됐다. 정원 300명 미만('22년 말 기준)인 43개 공기업 및 준정부기관을 기타공공기관으로 변경·지정하였다.

정부에서는 주무기관의 자율적 관리 권한을 확대·강화하는 방식으

---

2 【공기업 및 준정부기관 분류기준 상향】
· (정 원) 50명 → 300명 이상
· (수입액) 30억 → 200억 원 이상
· (자 산) 10억→30억 원 이상으로 기준 변경
※자료: 기획재정부 보도자료. (2022년 12월 13일.)

로 2023년부터 공공기관을 재분류하였다. 4곳의 공기업과 39개의 준정부기관이 정부의 정책 방향에 따라 2023년부터는 기타공공기관으로 재지정되었다. 기타공공기관도 연구개발목적기관(71개)을 별도로 지정ㆍ관리한다.「공공기관의 운영에 관한 법률」제5조 제5항에 따라 기관의 성격 및 업무 특성 등을 고려하여 기타공공기관 중 일부의 연구개발을 목적으로 하는 기관을 세분하여 지정한 것이다. 세부적으로 구분하면 경제인문사회연구회 및 그 소속기관 25개, 국가과학기술연구회 및 소속기관 22개, 부처 직할 연구원 등 그 밖에 기관 24개가 있다.

〈공기업ㆍ준정부기관 →기타공공기관으로 변경 시 달라지는 점〉

① (평가)　기획재정부 경영평가 대상 제외 → 주무기관 주관 경영평가 실시
② (임원)　공공기관운영법 상 임명절차 적용 제외 → 개별법 및 정관에 따라 임명
③ (재무)　공공기관 예비타당성조사, 출자ㆍ출연 사전협의 대상에서 제외

구분		분류기준	주요기관
공기업 (32개)	시장형 (13개)	① 직원 정원 300명 이상 ② 총수입액 200억 원 이상 ③ 자산규모 30억 이상	자산규모 2조 이상 자체수입이 총수입의 85% 이상 → 인천국제공항공사 한국가스공사 한국석유공사 한국전력공사
	준시장형 (19개)		시장형 공기업이 아닌 공기업 → 한국조폐공사 한국마사회 한국수자원공사
준정부 기관 (55개)	기금 관리형 (11개)		「국가재정법」에 따라 기금관리 또는 위탁관리하는 기관 → 국민체육진흥공단 한국무역보험공사 공무원연금공단
	위탁 집행형 (44개)		정부 업무의 위탁집행 → 한국관광공사 건강보험심사평가원 국립생태원

구분	분류기준	주요기관
기타공공기관 (260개)	공기업과 준정부기관을 제외한 공공기관	한국수출입은행 태권도진흥재단 한국국제보건의료재단
연구개발목적기관 (71개)	연구개발을 목적으로 하는 기관	국립낙동강생물자원관 한국조세재정연구원
2023년 347개 공공기관 지정		

※자료: 기획재정부 보도자료(2023년 1월 30일)를 재구성함

나. 공공기관 형태

공공기관은 법인(法人)이다. 공공기관의 설립목적을 이행하기 위해 여러 사람이 모여 공동체적 공감대 속에서 업무를 수행하는 조직이다. 법인은 근거 법령이 있어야 한다. 그래서 모든 공공기관은 설립 근거 법[3]이 있다. 개별법의 형태로 설립된 공공기관도 있고, 민법이나 상법에 그 근거 조항을 가지고 있는 공공기관도 있다. 공공기관에서 기관 자체적인 설립 근거법(개별법)의 존재 유무는 상당한 차이가 있다. 우선 설립 근거법이 있는 기관은 사업추진의 안정성과 자율성을 확보할 수 있고, 정부 출연금과 독점적인 사업권 등을 바탕으로 기관 사업을

---

3 공공기관의 설립 근거법은 기관만의 개별법으로 존재할 수도 있고 모법에 설립 근거 조항을 신설해 기관을 만들 수도 있다. ① 개별법으로 기관을 설립하는 경우는 기관만을 위한 법이기 때문에 법상에 설립목적과 주요사업, 임원 구성, 재원 등 해당 기관만의 조항을 개별법에서 규정한다. 다만, ② 모법에 설립 근거 조항을 신설해 기관을 설립 할 경우, 모법의 제정 목적 범위 내에서 기관의 역할이 한정되는 어려움은 있다(기관 사업의 확장성 제한).

주체성·책임성을 갖고 추진할 수 있다.

다만 민법 또는 상법에 따라 설립된 법인(재단/사단)은 정부의 보조사업(위탁사업) 위주로 사업을 수행하게 된다. 이는 기관 사업을 추진하는데 자율적으로 계획하고 운영하는데 한계가 있다는 말이다. 주무기관 담당 공무원 사업을 위탁받아 수행하는 집행기관의 역할만을 수행하는 것이다. 주무기관 담당 공무원 사업이다 보니 담당 공무원의 관리하에 사업을 추진할 수밖에 없는 구조적 한계가 있다.

또 하나의 차이점은 기관의 존속성과 관련된 사항이다. 설립 근거법이 있는 기관은 법령이 폐지되지 않는 이상 기관이 존속할 수 있지만, 민법 또는 상법에 따라 설립된 기관은 설립목적을 달성하거나 정부 정책 방향(국정목표)에 따라 기관의 존속 여부가 결정될 수도 있다. 이는 기관 구성원의 생존권과도 직결되는 문제이기 때문에 자체 설립 근거법이 없는 공공기관은 개별법을 제정하거나 모법에 설립 근거 조항을 둘 수 있도록 노력한다.

다. 공공기관 임직원

공공기관은 임원과 직원으로 구성한다. 공공기관 임원에 관련된 사항은 「공공기관의 운영에 관한 법률」과 각 기관의 설립 근거법에서 명시적으로 규정하고 있다. 임원의 구분과 선임 절차 등에 대한 사항을 법에서 정하고 있고 세부적인 이행사항은 기관 내규에서 규정한다.

1) 공공기관 임원

공공기관 임원은 기관장, 상임이사, 비상임이사, 감사로 구분한다. 기관장은 기관에 관한 모든 업무를 총괄하고 상근하면서 업무를 수행한다. 일부 기관에서는 비상근 하는 기관장도 존재하는데 이럴 경우 상임이사가 상근하여 직무를 대신한다. 상임이사는 부문 총괄 관리자로 주 40시간을 기관에서 근무하면서 일반직원과 함께 업무를 수행하는 임원을 말한다. 직책상 일반적으로 본부장 또는 부관장, 사무총장 등의 직책으로 불리며 해당 부문을 총괄 관리하는 역할을 한다. 일반기업체에서 상무나 전무 직책(부문장)으로 이해하면 쉽다. 비상임이사는 기관에 정상적으로 출근하지 않는 임원으로, 다른 기관에 소속을 두고 있으면서 기관의 중요한 의사결정이 있을 때 이사회와 간담회, 설명회 등에 참석하여 기관 운영에 관여하는 임원을 말한다. 비상임이사는 당연직 비상임이사(주무기관 국장급 보직자)와 선출된 비상임이사가 있다. 감사는 공공기관의 규모에 따라 상임 또는 비상임으로 구분하는데 일반적으로 공기업이나 준정부기관은 상임감사(또는 감사위원), 기타공공기관은 비상임감사로 선임하고 있다. 임원의 임기는 기관장은 3년, 상임이사·비상임이사·감사는 2년으로 하고 경영실적평가 등을 통해서 연장할 수 있도록 관련 법령에 명시하고 있다.

〈임원 선임 절차〉

구분		임추위 추천 (복수)	운영 위원회 심의·의결	기관장 임명	주무기관 장관 임명/제청(△)	기재부 장관 임명/제청(△)	대통령 임명
공기업	기관장	○	○		△		○
					○		
	상임이사	○		○			
	비상임이사	○	○			○	
	감사	○	○			△	○
						○	
준정부기관	기관장	○			○		
					△		○
	상임이사	○		○			
	비상임이사	○			○		
	감사	○	○			○	○
					기재부 장관 또는 대통령 임명		
기타공공기관	기관장				○		
	상임이사	○		○			
	비상임이사	○			○		
	비상임감사	○			○	○	
					주무기관 장관 또는 기획재정부장관 임명		

* 공기업이나 준정부기관 임원에 대한 임면은 「공공기관의 운영에 관한 법률」 제6조, 제25조, 제26조 기타 공공기관은 해당기관 설립 근거법에 근거함

* 공기업이나 준정부기관의 장과 감사는 「공공기관의 운영에 관한 법률」에서 정하는 기준에 따라 제청권자와 임명권자가 다를 수 있다.

* 기타공공기관은 임원의 선임 절차를 해당 기관의 설립 근거법에 따라 진행하므로 위 표와 다를 수 있음

※자료: 「공공기관의 운영에 관한 법률」을 바탕으로 재구성

2) 공공기관 직원

직원은 정규직과 계약직으로 구분한다. 정규직은 직무의 차이에 따라 일반직(연구직, 학예직 등 직무의 특성에 따라 부르는 명칭이 다르다)과 운영직(공무직, 무기계약직 등으로 용어는 기관마다 다르다)으로 나뉜다. 일반직은 행정과 사업 관련 직무를 수행하고, 운영직은 방호 · 미화 등의 직무를 수행한다. 정규직 중에는 별도직이라는 직군도 있는데 정년을 앞둔 정규직 중에서 임금피크제 적용대상자를 별도직군으로 분류하고 있다.

2017년 정부의 무기계약직 전환 정책[4]에 따라 계약직 근로자와 용역 · 파견 근로자들이 해당 기관의 운영직으로 대부분 전환됐다. 현재 각 기관에서 운영하는 계약직 근로자는 단시간 근로자들로 6개월 내외이거나, 청년인턴(체험형) 등과 같이 1년 미만으로 운영하고 있다. 수탁과제와 위탁과제가 있는 연구기관 등은 과업 수행을 위한 도급 형태의 직원도 운영한다. 다만, 기관의 상황에 따라 계약직의 근무 형태와 기간, 시간 등을 일률적으로 말하기 어려운 부분이 있다.

---

4 2023년 1분기 기준 공공기관 운영직(무기계약직) 인원은 5만 5,113명으로 전체 공공기관 직원의 13.33%를 차지함(자료: 공공기관 경영정보 공개시스템)

라. 공공기관 관리

공공기관은 중앙정부의 산하기관[5]이다. 부처별로 부처의 업무를 집행할 수 있는 기관을 만들고 그 기관을 통해서 각 부처가 하고자 하는 업무의 집행을 위탁, 또는 독자적으로 수행할 수 있도록 하고 있다. 각 부처는 공공기관의 설립 근거 법령에 관리·감독권을 명시하고 정기적인 감사를 통해 공공기관이 투명하고 효율적으로 운영하고 있는지를 확인·점검한다.

부처별로 공공기관을 관리하다 보면 일원화된 관리가 어렵고, 부처별 필요로 공공기관을 무분별하게 설립하는 문제가 발생할 수 있다. 이런 문제를 해결하기 위해 2007년 「공공기관의 운영에 관한 법률」이 제정됐다. 기존에는 「정부투자기관관리기본법」과 「정부산하기관 관리기본법」에 따라 공공기관을 기능별로 묶어 관리했으나, 공공기관운영법이 제정된 이후에는 기획재정부 주관으로 공공기관을 통합 관리할 수 있는 법적 근거가 마련된 것이다. 기획재정부는 공공기관운영법에 근거하여 공공기관운영위원회 의결을 통해 각종 지침을 마련하는데 조직·정원관리, 임원 보수 제한, 재무관리, 혁신 등에 관한 규정을 제정해 공공기관에 적용하고 있다. 공공기관운영위원회는 공공기관 운영과

---

5 공공기관은 중앙정부 산하기관도 있고, 지방자치단체(광역/기초)별로 조례에 따라 설립된 지방 공공기관도 있다. 지방 공공기관을 설립하기 위해서는 행정안전부의 타당성 검토가 완료된 이후 지자체별로 조례를 제정해 기관을 설립하고 운영한다. 지방 공공기관도 중앙정부 산하 공공기관과 유사한 업무를 수행하지만, 적용 대상과 사업 범위에 차이가 있고 관리·감독 권한이 지방자치단체에 있다는 것이 차이가 있다. 이 책에서는 중앙정부 산하 공공기관 중심으로 설명하겠다.

관련된 주요 사항을 심의 · 의결하는 최고 의사결정기구이다. 기획재정부 장관이 위원장이고 기획재정부 및 행정안전부 차관과 인사혁신처장 등이 내부위원, 외부 전문가 11명이 외부위원으로 참여해 공공기관의 주요 사항을 심의 · 의결한다.

공공기관 관리 · 감독체계는 이원화되어 있다. 공기업과 준정부기관은 기획재정부에서 경영 부문을 감독하고, 주무기관은 사업 부문을 감독한다. 기타공공기관은 주무기관에서 경영 부문과 사업 부문 모두를 감독한다. 공기업과 준정부기관은 기획재정부에서 제정한 공공기관 관련 지침을 적용하고, 기타공공기관은 이 지침을 준용하고 있다.

〈공공기관운영위원회 구성 및 역할〉

<table>
<tr><td colspan="3">구분</td><td>공공기관운영위원회(기획재정부 소속 위원회)</td></tr>
<tr><td rowspan="3">구성</td><td colspan="2">위원장</td><td>· 기획재정부 장관</td></tr>
<tr><td rowspan="2">위원</td><td>내부
(4명)</td><td>· 기획재정부 장관이 지명하는 기획재정부 차관 1명,
· 행정안전부 차관, 인사혁신처장
· 국민권익위원회 위원장이 지명하는 차관급 공무원 1명</td></tr>
<tr><td>외부
(11명 이내)</td><td>· 공공기관 운영과 경영관리의 학식과 경험이 풍부한 자</td></tr>
<tr><td rowspan="3">역할</td><td colspan="2">① 적용대상</td><td>· 공공기관 지정(유형별 분류)</td></tr>
<tr><td colspan="2">② 기관관리</td><td>· 정원 및 예산관리, 임원 등에 관한 관리</td></tr>
<tr><td colspan="2">③ 성과평가</td><td>· 경영성과 평가, 고객만족도 조사</td></tr>
</table>

※자료: 「공공기관의 운영에 관한 법률」을 바탕으로 재작성

마. 공공기관 행정문서

공공기관의 모든 행정업무는 문서로 시작해서 문서로 끝난다. 하나의 업무를 완료하기 위해서는 구두보고보다는 문서를 만들어 보고한다. 수많은 의견을 모아 보고서 형태로 요약해 각각의 의견을 글로 표현한다. 최종적으로 남는 건 업무 과정에서 이해관계자들이 했던 말이 아니라, 결재된 문서만 남는다. 그 문서를 보고 후임들이 참고하게 되고 이해관계자들이 문서를 보면서 새롭게 업무를 추진할 수도 있다. 앞으로 발생할 수 있는 감사에 대응하기 위해서도 공공기관에서는 반드시 모든 업무를 문서로 해야 한다.

공공기관에서 성과 있는 업무를 추진하는 직원은 대부분 문서를 잘만드는 사람이다. 일명 '보고서 작성의 달인'인데 업무의 성격과 보고 과정에 있는 상급자의 성향을 이해하고 최종 의사결정권자의 의중이 반영된 문서를 만들어야 한다. 문서는 최종적으로 누가 보느냐가 중요하기 때문이다. 내부 결재 문서인지, 외부 반출문서인지를 정확하게 알고 그에 맞는 문서를 생성해 대응할 수 있어야 한다.

〈공공기관에서 문서작성이 필요한 이유〉

❶ 내용이 복잡하여 문서 없이는 업무처리가 곤란할 때
❷ 업무처리에 대한 의사소통이 대화로는 불충분하여 문서가 필요할 때
❸ 내 업무 행위의 의사표시 내용을 증거로 남겨야 할 때
❹ 업무처리의 형식상 또는 절차상 문서가 필요할 때
❺ 업무처리 결과를 보존할 필요가 있을 때

〈문서의 기능〉

❶ 의사의 기록 및 구체화

사람이 가지고 있는 주관적인 의사는 문자·숫자·기호 등을 활용하여 종이나 다른 매체에 표시하여 문서화함으로써 그 내용을 구체화한다.

❷ 의사의 전달

문서에 의한 의사전달은 전화나 말로 전달하는 것보다 좀 더 정확하고 변함없는 내용을 전달 할 수 있다.

❸ 의사의 보존

문서로써 전달된 의사는 지속해 보존할 수 있고 역사자료로서 가치를 갖는다.

❹ 자료 제공

보관·보존된 문서는 필요한 경우 언제든 참고 자료 또는 증거자료로 제공되어 행정 활동을 지원·촉진한다.

❺ 업무의 연결 및 조정

문서의 기안·결재 및 협조 과정 등을 통해 조직 내외의 업무처리 및 정보 순환이 이루어져 업무의 연결·조정 기능을 수행한다.

※자료: 2020년 행정업무운영편람 22p~23p

　공공기관의 문서체계는 「행정업무의 운영 및 혁신에 관한 규정」에 따라 통일된 체계로 운영한다. 「사무관리규정」에서부터 여러 차례 개정을 거쳐 지금의 「행정업무의 운영 및 혁신에 관한 규정」으로 이름을 바꿔 가며 시대의 변화에 능동적으로 대응하며 공조직의 행정업무 운영체계를 만들어 가고 있다. 해당 규정에서는 공문서의 정의에서부터 기안문 작성법과 행정문서 상의 결재체계 등 공공기관의 문서체계 전반을 정의하고 있다. 공공기관 직원은 공조직에서 사용하고 있는 행정문서와 관련된 각종 용어에 대한 정의를 잘 이해해야 하고, 문서작성 방법에 대해서 익혀둬야 한다.

정부에서는 「행정업무운영편람」을 정기적으로 제작하여 배포하고 있다. 이 편람에는 공조직에서 업무 운영에 관련된 공문서 작성과 기안문 작성, 각종 행정용어의 개념이 나와 있다. 공공기관에서 행정업무를 처음 시작하는 신규직원들은 반드시 읽어보고 곁에 두며 반복적으로 학습하고 내 것으로 만들 수 있어야 한다. 그만큼 행정업무를 하는 직장인에게는 반드시 숙지해야 하는 중요한 편람이다.

> **❝** 대표 저자는 군 생활과 사회생활을 하면서 '어떻게 하면 보고서를 잘 쓸수 있을까'에 대한 고민을 많이 했다. 내가 생각하는 것을 문서로 만들어 제삼자를 이해시킬 수 있는 수준의 보고서를 만들고 싶었다. 보고 과정에서 수정되지 않아도 되는 문서를 만드는 게 항상 목표였다.
>
> 다행히 대표 저자는 상급자(사수)를 잘 만나 그분들이 가지고 있는 보고서 작성 노하우를 전수받을 수 있었으나, 뭔가 모르게 아쉬운 부분이 항상 있었다. 그 아쉬움을 채워줬던 책이 '대통령 보고서(노무현 대통령 비서실, 위즈덤하우스 출판)'이다. 아마도 보고서 작성 관련 책의 바이블이 아닌가 하는 생각이 든다. 서점에서 책을 사는 게 부담스럽다면 인터넷에서 '대통령 보고서'란 키워드를 치면 '보고서 작성 매뉴얼'이란 자료를 찾을 수 있을 것이다. '대통령 보고서'란 책을 출간하기 전 만들었던 보고서 관련 매뉴얼이다. 이 매뉴얼을 수십 번 읽어보고 직접 문서를 만들어 보면, 나도 모르게 보고서 작성에 대한 개념과 작성법에 대해서 이해가 될 것이다. **❞**

바. 공공기관 운영

공공기관은 경영 부문과 사업 부문으로 크게 분류할 수 있다. 모든 공공기관은 설립목적이 있다. 설립 근거법 제1조에 그 기관의 설립목적을 명시하고, 이를 이행하기 위한 주요 사업을 법령에 규정하고 있다. 민법에 따라 설립된 기관도 정관 제1조에 설립목적을 밝힌다. 설립목적을 달성하기 위해서는 명확하고 구체적인 경영목표를 설정하고, 기관이 나아가야 할 방향성 및 정체성을 확립해야 한다. 목표를 달성하기 위해서는 목표에 걸맞은 예산과 인력을 확보해야 한다. 직무를 수행할 수 있는 사람을 관리하기 위한 경영체계도 갖춰져야 한다. 즉 공공기관이 설립목적을 달성하고 그 기능을 수행하기 위해 관리·감독할 수 있는 경영 부문이 필요하다.

투명하고 책임 있는 기관 운영을 위해 자금의 투명한 집행과 관리는 중요하다. 일반 국민이 공공기관 운영에 대해서 쉽고 빠르게 알 수 있도록 투명한 정보공개도 필요하다. 이러한 업무를 수행하는 것이 경영 부문이다. 일반적으로 공공기관의 상임이사는 기관장 이하 2명의 임원급 본부장(직책명)[6]을 둔다. 경영 부문 본부장과 사업 부문 본부장으로 각 부문의 영역을 총괄 관리하면서 기관장의 경영방침을 이행할 수 있는 계획을 수립해 공공기관을 운영하고 있다.

---

6 기관장 이하 상임이사가 1명 있는 기관도 있다. 경영 부문과 사업 부문을 총괄하는 사무총장이나 총괄본부장, 부기관장 등의 직책으로 두 부문을 관리하는 경우이다. 또한 2본부 체계 하에서 하나의 본부는 임원급으로 보직하고, 다른 본부는 직원을 본부장으로 보직하는 경우도 있다. 기관의 특성과 규모, 사업형태 등에 따라 상임이사 수는 모든 기관이 상이하다.

❝ 공공기관의 분류(공기업·준정부기관·기타공공기관)와 인력 및 예산 등에 따라 상임이사의 수는 달라질 수 있다. 일반적으로 경영 부문을 총괄하는 상임이사는 1명으로 하고, 나머지 상임이사는 사업의 규모에 따라 한 자릿수 이내에서 결정된다. 상임이사의 수는 기관의 설립 근거법에서 규정한다. **❞**

공공기관 경영 부문은 기획분야와 관리분야로 나누는데 기획분야는 기획·조정·예산·법인(이사회)·성과(경영평가 포함)·경영혁신 등의 직무를 수행하고, 관리분야는 인사·노무·총무·재무·회계·시설·안전 등의 직무를 수행한다.

02
공공기관 직원이 가져야 하는 자세

공공기관은 공조직(公組織)으로 기관에서 근무하는 임직원은 사회적
통념과 규범을 벗어난 행동을 하면 안 된다. 각종 법령에 따라 공무원
과 같은 처분을 받기 때문에 업무를 수행할 때 행동과 태도에 신경을
써야 한다. 나의 잘못으로 기관에 피해를 줄 수 있고, 공동운명체인 구
성원에게 회복하기 어려운 고초를 겪게 할 수 있기 때문이다. 공공기
관 직원이 근무하면서 유념해야 할 사항에 대해서 몇 가지 설명하도록
하겠다.

가. 청렴하고 깨끗한 윤리의식

주변 지인에게 공공기관에 근무한다고 말을 하면 '準 공무원' 아니냐
는 말을 많이 듣는다. 법적 용어도 아니고 학술적 용어도 아닌데 일반
국민은 왜 이런 용어를 사용하는지 궁금하기도 했다. 국민의 인식 속
에는 공무원과 공공기관 임직원을 구분하지 않고, 對 국민 서비스를

제공하는 공조직으로 인식하는 것이다. 대부분 공공기관은 설립 근거법에 "공공기관 임직원은 「형법」 제129조부터 제132조까지를 적용할 때는 공무원으로 본다."라는 조항이 있다. 수뢰 및 제삼자뇌물제공 등과 같이 범죄가 있으면 공무원으로 본다는 말이다. 그만큼 공공기관에서 수행하는 업무가 공적인 성격을 가진다.

국가 예산으로 운영하는 공공기관에 소속된 임직원은 청렴·윤리의식을 갖고, 부정한 청탁이나 업무와 연관된 이권에 개입하면 안 된다. 성 관련 문제나 음주운전, 직장 내 괴롭힘, 구성원 간 이간질 및 모함 등 사내 갈등을 유발할 수 있는 언행은 삼가야 한다. 나의 행동이 바로 기관의 얼굴이라는 인식 속에서 조심하고 또 조심하며 행동하려는 생활습관을 가져야 한다.

정부에서는 법적으로 공공기관으로 지정된 기관의 임직원은 의무적으로 청렴 및 윤리교육을 받도록 하고 있다. 연간 1회 이상의 교육을 통해서 투명하고 공정한 공공기관이 될 수 있도록 모든 공공기관 임직원은 노력해야 한다.

나. 인간관계와 수용성

공공기관은 관료제와 같은 위계질서 속에서 법과 규정에 따라 기관을 운영한다. 직급체계가 있고 직급에 따른 업무가 분장되며 그 속에서 상위직급자의 의견이 사업에 반영되는 경우가 대부분이다. 담당자가 기안한 내용이 보고 과정에서 수정될 수 있고, 방향성이 최초 기안자의 의도와 다르게 변경될 수도 있다. 이런 업무적 구조를 담당자가 이해를 잘못하거나, '내 의견과 주장만이 옳다'라고 생각하면 여러 가지 어려운 문제가 발생할 수 있다.

요즘 세대는 공공기관의 업무절차를 매우 답답하고 고리타분하게 인식할 수도 있다. 공공기관의 조직 특성과 구조를 이해하지 못한다면 공공기관에 적응하는 데 상당한 어려움이 있을 수 있다. 공공기관은 법과 규정에 따라 움직이는 공적인 조직이다. 내가 할 수 있는 업무의 재량범위가 제한적이고 정해진 절차와 규정에 따라 업무를 수행해야 한다. 규정화된 업무추진을 통해서만이 공정하고 투명한 사업을 진행할 수 있다. 사업 진행 과정에서 발생할 수 있는 이해관계자와의 오해와 불만을 해소할 수 있는 길은 오직 정해진 절차와 규정에 따라 업무를 수행하는 방법밖에는 길이 없는 것이 공공기관의 특징이다.

공공기관에서 근무하면서 가장 중요하게 생각하는 것이 직원이 가져야 하는 태도의 문제이다. 시대가 변화하고 사람들의 인식이 바뀌어도 공공기관에서 바뀌지 않는 것이 있다. 바로 법과 규정에 따라 업무를 수행한다는 것이다. 법과 규정도 시대의 흐름에 따라 변화하겠지만 공공기관의 설립목적은 변하지 않는다. 이 말은 곧 나보다 먼저 업무를 수행한 사람이 있고 그 사람들도 나와 같은 법과 규정에 따라 업무를 수행했다는 것을 의미한다. 같은 업무를 수행하면서 그 당시의 상황과 여건, 인력 구성 등의 차이는 있겠지만 업무를 수행하는 절차나 방법은 유사하다. 업무 수행과정에서 발생한 시행착오나 문제점, 잘됐던 사항 등에 대해서 나보다 먼저 업무를 수행한 선임이나 부서장의 경험은 굉장히 중요하다. 내가 얻어야 하는 삶의 지식 또는 업무 지식이라는 것이다.

시대의 변화에 민첩하게 대응해야 하는 혁신기업이나 스타트업 회사 등은 과거의 업무 지식이 중요하지 않거나 필요 없는 경우도 있을 수 있다. 하지만 공공기관은 업무의 통일성과 연속성을 위해 과거의 업무 절차와 방식에 대한 검토나 연구가 중요하다. 이때 담당자에게 필요한 것이 수용적인 업무태도이다. 선임이나 부서장이 가지고 있는 과거 업무경력과 경험을 내 자산으로 습득하고자 하는 노력이 필요하다. 즉 수용성이 있고 없느냐의 차이는 내가 업무를 성과 있게 잘 할 수 있느냐, 없느냐를 결정하는 중요한 요소가 된다. 수용적 업무태도가 구체적으로 어떤 것인지 정확한 정답은 없다. 다만, 내가 가지고 있는 지식과 경험이 최고라는 오만이나 상급자를 무시하는 태도, 배타적인 업무자세, 타협하지 않는 불통의 마음가짐은 공공기관에서 근무하는 직원의 마음 자세는 분명히 아니다. 주변 선·후임의 이야기를 듣고 이해할 수 있는 업무적 지식과 마음 자세를 기본적으로 갖추고 있고, 옳고 그름을 분별할 수 있는 능력을 갖추고 있어야만 이론적 지식 이외의 경험적 자산을 축적하는 데 도움이 될 것이다.

현직에서 업무할 때 사수와 부사수라는 용어를 많이 사용했다. 멘토

링 제도는 이와 유사한데 공공기관 업무는 도제식으로 전수되는 경우가 많다. 같은 공간에서 같은 시간을 공유하며 근무하는 선임과 후임이 있다는 것은 그 자체만으로도 굉장한 행운이다. 내가 수행하는 업무를 먼저 경험했던 선임이 있어 그 사람의 업무적 지식과 기술을 습득할 수 있고, 내가 해결하지 못하는 문제에 대해서 해결방안을 제시해주고 함께 고민할 수 있는 선임의 존재가 있다는 것은 조직 생활에서 흔하지 않은 일이다. 공공기관에서 상호 존중하는 마음 자세로 수용적 태도로 선임과 원만한 관계를 유지할 수 있다면 업무적인 측면과 조직 내 인간관계에서도 좋은 평가를 받을 수 있다고 생각한다.

다. 공동운명체

공공기관 행정업무는 누구 하나의 독보적인 능력에 의해 업무가 이루어지지 않는다. 위계에 의해 직급별로 담당하는 업무의 범위가 정해져 있고, 보고 과정에서 상급자나 이해관계자의 다양한 이견을 조율하며 업무를 처리한다. 이러한 과정에서 공공기관의 업무는 나만의 업무 성과가 아닌 '우리'라는 공동체적 성과로 결과를 얻는 경우가 많다.

공공기관에서 아직도 도제식으로 업무 경험이 전수되고 있는데 그 이유는 모든 업무가 법과 규정에 따라 진행되기 때문이다. 법과 규정은 해석의 영역이 있어서 이전에 어떻게 업무를 수행했는지가 중요하다. 그래서 업무를 먼저 경험한 선임들이 겪었던 지식과 노하우가 후

임에게는 필요하다. 업무의 연속성을 위해서도 선임들의 업무 경험은 후임에게 전수되어야 한다. 선임이 잘못했던 사례도 알아야 후임이 개선하는 방안을 제시할 수 있고, 그로 인해 혁신적인 업무도 가능하게 되는 것이다.

사수가 부사수에게 자신이 경험했던 사례 중심으로 교육하고 그 속에서 나만의 방식으로 업무를 수행하는 관계가 지금까지도 전해지고 있다. 이러한 관계와 구조 속에서 공공기관 행정분야의 전문 스타가 나오기는 어렵지 않나 하는 생각을 한다. 연구직이나 특정분야의 전문적 지식이 필요한 경우에는 기관의 역량과 제도, 개인의 노력에 따라 해당 분야 스타 직원으로 성장할 수 있지만, 일반행정분야는 함께 하는 업무가 대부분이고 이해관계자와 협업해야 하므로 독보적으로 개인이 스타가 되기에는 현실적으로 어려움이 있다. 개인적으로 전문성을 강화하기 위해 학위를 취득하고 전문 자격증을 취득한다고 해도 조직 내에서 자신의 전문성을 발휘해 얻을 수 있는 성과는 극히 제한된다. 모든 업무는 조직 구성원 내의 관계 속에서 해결하고 대안을 제시하며 진행해야 한다. 즉 다 함께 업무를 추진하고 공동의 성과로 만들어야 한다는 것이다. '나만 잘났어'라는 것은 공공기관 일반행정분야에서는 있을 수 없다. 함께 이룬 성과에 감사하며 고마워하는 마음 자세가 공공기관 직원에게는 필요하지 않을까 생각한다.

라. 학교와 직장

요즘 세대 직원들과 같이 근무하면서 느끼는 게 있다. 학교와 직장을 혼동하는 사례가 있다는 것이다. 알려주지 않으면 업무를 하지 못하고 스스로 찾아서 하고자 하는 의지와 노력도 내 기준에서는 부족하다는 느낌을 간혹 받는다. 직접적으로 말을 하면 꼰대나 갑질, 괴롭힘 등으로 매도될 수 있어 말하기도 어려운 것이 현실이다. 업무는 잘 진행되지 않고, 업무추진에 답답함을 느낄 때가 있다. 자신의 근로를 제공하면서 보수를 받는 조직에서 생활하거나, 새롭게 이와 같은 직장에서 근무하고자 하는 취업준비생들에게 해주고 싶은 말이 있다.

"직장은 학교가 아니다."

학교는 내가 등록금을 내고 다니는 공간으로 학생을 가르쳐줘야 할 책임이 있고, 학생은 선생이나 교수에게 배우는 거나 궁금한 사항을 물어볼 의무가 있다. 그 과정에서 새로운 지식과 경험을 얻을 수 있고, 사회생활을 하기 위한 기초적인 지적 능력을 함양한다.

하지만 직장은 다르다. 돈이라는 매개체로 연결되어 있다. 내가 한 행위에 따라 금전적 보상을 받는 조직이다. 공공기관도 일반적인 회사와 같아서 금전적 보상 즉 「근로기준법」에서 말하는 보수를 받기 위해 내 근로를 제공하는 곳이다. 공공기관에서 근무하는 모든 사람은 내 근로 제공을 통해 보수를 받고자 하는 같은 목적으로 모인 것이다. 업무를 통해 인정받고 성과를 내는 것이 개개인의 성취욕을 만족시키기 위해서겠지만 궁극적으로는 금전적 보상을 받아 나와 내 주변인들과 생활을 꾸려나가기 위함이다. 이는 요즘 세대나 그 윗세대가 모두 같다.

 상급자나 동료 등에게 물어보기 전에 확인·점검하고 검토해서 내가 할 수 있는 최선의 결과를 보고해야 한다. 상급자나 사수에게 검토받아 보완하고 하나의 완성된 결과물을 만들기 위해 함께 노력하는 자세가 필요하다는 것이다. 조직은 내가 노력하지 않으면 그 누구도 나를 챙기거나 나를 위해 일해주지 않는다. 나를 중심으로 조직은 움직이지 않는다는 것을 알아야 한다. 내가 일한 만큼 조직은 나에게 보답하고 그 보답이 만족스럽지 않고 답답하다고 느껴지면 다른 방향으로 진로를 변경하는 게 현실적으로 찾을 수 있는 현명한 방법이 아닐까 생각도 한다.

 공공기관에 입사하면 신입직원 교육을 하고 기관마다 직무역량 강화 교육을 한다. 업무에 빨리 적응하라는 의미다. 새로 입사한 신입직원에게 난이도 있는 업무를 부여하지는 않겠지만 적극적으로 업무를 찾고자 하는 노력과 상급자의 업무를 지원하고 함께하고자 하는 마음 자세를 가지고 찾아서 업무를 하는 적극성이 필요하지 않을까 생각한다.

 공공기관 인건비는 국민의 세금으로 마련한 소중한 돈이다. 내가 하는 업무는 국민이 위임한 업무라는 생각으로 내가 만든 성과는 국민에게 조금이나마 도움을 주려는 노력이라고 생각하면 좋겠다. 돈을 주면서 배웠던 학교에서 벗어나 돈을 받으면서 공공기관에서 근무한다는 인식을 둬야 한다. 상급자나 윗세대와 어떻게 하면 서로 잘 지내고, 그들이 가지고 있는 지적 자산을 내 것으로 만들 수 있을지를 고민할 필요가 있다. 한 걸음 더 다가가 선·후임과 좋은 관계를 유지하며 직장생활을 할지를 생각해야 한다. 모든 일은 마음 자세를 어떻게 갖느냐에 따라 결과나 성과에서 큰 차이가 난다.

❝ 선임이나 부서장 등의 상위직급자가 불합리하거나 불법적인 지시, 일반적인 상식을 벗어나 괴롭히고 갑질하며 성적인 문제를 일으킬 때는 단호하게 대응해야 한다. 이는 범죄이고 조직 내에서 있을 수 없는 일이다. 이런 구성원은 조직의 암 덩어리라고 감히 말할 수 있다. 몸속의 암 덩어리는 제거해야 한다.

공공기관 내에서는 갑질이나 괴롭힘, 성 관련 문제를 상담받을 수 있는 신고센터를 운영하고 있다. 상식을 벗어난 일부 몰지각한 사람이 없다고 단언할 수 없으므로 나한테 이와 같은 어려움이 발생하면 주저 없이 주변에 도움을 요청하거나, 기관 내 신고센터를 적극 활용해야 한다. 이는 당연한 권리이다. 주장하지 않는 권리는 보장받을 수 없다. 다만, 조직 대부분은 정상적인 사고를 하는 구성원들이다. 어떻게 하면 함께 잘할 수 있을지 고민하는 사람들이고 선·후임 관계를 원만하게 유지하며 행복한 직장생활을 꾸려나가고자 노력한다.

직장생활을 시작하는 입장에서는 내가 수행하는 업무를 먼저 경험한 선임이나 부서장이 가지고 있는 업무 노하우나 스킬을 최대한 빨리 내 자산으로 만드는 것이 중요하다. 목적을 달성하는 방법은 다양할 수 있으나 지나치지 않게 부서원들과 원만한 관계를 만드는 노력도 개개인의 능력이 아닐까 생각한다. **"**

03
공공기관 기획쟁이가 하는 일

    기획은 '새로운 것을 만든다'라는 의미가 강하다. 새로운 것을 만들든가 아니면 기존에 있던 것을 새롭게 개선해 다른 방식으로 제안한다는 말이다. 기획과 계획[7]은 개념상 다르지만, 공공기관 실무업무에서는 기획과 계획의 개념만 이해하면 된다. 실무에서 기획과 계획을 구분해서 사용하는 것까지 요구하지는 않는다. 굳이 고민하지 않아도 될 일에 시간과 노력을 낭비하지 않기를 바란다. 공공기관 기획부서 업무는 시간과의 싸움이 될 수 있고, 장시간의 사투로 결괏값을 얻어야 하는 일도 부지기수다. 실무에서는 개념을 이해하는 것도 중요하지만 어떻게 실무에 적용할 것인가를 고민하는 게 더 나은 태도가 아닐까 생각한다.

    공공기관에서 수행하는 기획업무는 '중장기 및 경영계획' 수립과 기

---

7   기획(企劃, Planning)의 사전적 의미는 "일을 꾀하여 계획함"으로 아직 구체화 되지 않은 무엇인가를 만들어 가는 과정이다. 즉, 無에서 有를 만드는 일이다. 계획(計畫, Plan)의 사전적 의미는 "앞으로 할 일의 절차, 방법, 규모 따위를 미리 헤아려 작성함"으로 기획과정을 통해서 도출된 결론을 말한다.(자료: 네이버 어학사전을 참고하여 재구성) 기획과 계획의 관계는 기획이 상위개념 또는 계획을 포함하는 개념으로 이해하면 쉽다. 기획을 통해 새로운 개념이나 뭔가를 구상하면 계획을 통해 실현해 결과물을 도출하는 상호 보완적인 관계다.

관에 필요한 자금을 관리하는 예산업무, 기관을 효율적으로 운영하게 하는 조직 및 정원, 기관의 성과를 관리하는 내·외 평가 업무가 대표적이다. 그 외 이사회 운영·공시·국회 및 대관업무 등이 있다. 그리고 기획부서는 기관의 모든 업무를 조정하기도 한다. 새롭게 생긴 업무를 어느 부서에서 담당할지를 결정하고 업무가 충돌되거나 중복되면 부서별 업무 분담을 중재 또는 조정하는 업무를 수행해야 한다.

가. 경영계획[8]

공공기관을 운영하기 위해서는 구성원 모두가 함께 할 수 있는 목표가 있어야 한다. 그리고 그 목표를 달성하기 위한 중장기적 관점의 계획을 수립하고 매년 연도별로 이를 이행하기 위한 업무계획을 수립한다. 기획부서에서는 내부 구성원이 함께 할 수 있는 기관의 정체성을 확립하고 목표를 달성할 수 있도록 계획을 수립하는데 이를 중장기발전계획 또는 중장기계획이라고 한다. 중장기발전계획은 보통 5년 단위 계획을 수립하고 5년 이상의 계획은 미래전략 관점에서 10년 단위의 미래전략계획을 수립한다.

---

8 공공기관에서 중요하게 생각하는 핵심 계획은 중장기계획과 매년 작성하는 단년도 업무계획이다. 중장기계획은 5년간의 기관 운영 방향과 주요사업, 경영체계를 수립하는 중요한 계획이다. 단년도 업무계획은 중장기계획과 연계된 전략과제에 대한 부서별 이행계획을 수립하는 것이다. 부서별로 전략과제를 어떻게 구현하고 이행할지를 구체적으로 계획에 반영한다. 부서별 목표와 성과지표, 일정이 계획에 반영된다. 자세한 설명은 후술하겠다.

공공기관은 각 기관의 설립 근거법에서 기관의 중장기발전계획 및 경영계획 수립을 주요사업의 첫 번째로 명시하고 있다. 그만큼 경영계획수립은 기획업무의 꽃이자 중요한 업무이다. 해당 직무는 실무경력이 약 10년 내외의 과장급에서 업무를 수행하는데 기관의 핵심 인재가 직무를 많이 담당한다. 업무 난이도가 있으며 기관 전체를 이해하고 있어야 원활한 업무를 수행할 수 있다. 기관의 경영체계를 수립하는 중요한 직무이기 때문에 기획부서의 약 20% 이상의 비중을 차지한다.

나. 예산관리

기관을 운영하기 위해서는 돈이 필요하다. 사업추진을 위한 사업비가 필요하고 기관을 운영하기 위한 기관운영비(경상경비)가 있어야 하며 구성원에게 지급해야 할 인건비가 있어야 한다. 이러한 자금을 확보하기 위한 업무가 예산업무이다. 예산편성 및 확정, 집행, 결산의 과정으로 업무가 진행된다. 업무의 중요성이 높아서 업무경력이 약 15년 내외의 과·차장급 인재들이 업무를 수행한다. 이 업무는 기관의 핵심 업무이기 때문에 기관을 이끌어가는 핵심 인재가 예산업무를 수행한다. 기획부서에서의 업무 비중은 25% 이상을 차지한다.

다. 조직 및 정원

　기관을 운영하기 위해서는 사람이 필요하다. 공공기관은 법과 규정에 따라 운영되는 공조직이기 때문의 위계에 의한 명확한 업무분장이 이루어진다. 인력도 직급에 맞게 구성하고 선발해 배치한다. 인력 선발은 인사부서의 업무이지만 기관의 조직구성은 기획부서 업무이다. 직제에 따른 업무분장과 그 업무를 수행할 인력 관련 업무는 기획부서에서 관리한다. 정원을 배정하고 증감(획득)하는 업무는 기획부서의 고유업무이다.

　조직진단(직무분석 및 적정인력 산출 등)을 통해 조직을 개편하고, 정원을 획득하고자 하는 업무는 조직의 성장과 발전에 지대한 영향을 미친다. 기관이 새로운 영역으로 사업을 확장하기 위해서는 안정적 조직과 정원이 있어야 한다. 기획부서에서의 비중은 15% 이상이며 업무 난이도가 높으므로 약 10년 이상의 업무경력이 있는 과장급에서 업무를 수행한다.

라. 평가관리

1) 경영평가

　기관에서 목표를 세우고 업무를 수행하면서 목표 대비 성과가 효과적인가를 외부의 시선에서 평가받는 것이 경영평가이다.

공기업이나 준정부기관은 기획재정부 주관하에 경영평가를 추진하고 기타공공기관은 주무기관에서 자체 평가편람을 가지고 경영평가를 시행한다.

경영평가 결과는 기관의 대내·외적 평가 기준이 된다. 내부적으로 임직원의 성과급과 연동되기 때문에 모든 공공기관 구성원은 경영평가를 민감하게 받아들이고 있으며, 모든 사업계획을 수립할 때 경영평가와 연계하여 사업을 추진한다. 경영평가는 모든 부서에서 부서 고유 지표를 가지고 1년간의 실적을 보고서로 작성해 평가위원에게 평가받는다. 그래서 구성원들의 보고서 작성 능력이 중요하다. 기획부서에서 업무 비중은 약 20% 이상이며 직무경력이 약 15년 이상 되는 차장급 이상에서 업무를 담당한다.

2) 내부 성과관리

경영평가가 외부의 시선으로 기관을 평가한다면 내부 성과평가는 내부 구성원들이 자체적으로 스스로 평가하는 것이다. 기관별로 차이는 있으나 근무성적평정 체계 속에서 정성적인 인사평가는 인사부서에서 주관하고, 계량적인 평가는 기획부서에서 평가하는 이원적인 평가체계를 운영한다.

내부 성과관리는 기획부서에서 자체 평가편람을 만들어 부서별 고유 지표와 모든 부서가 대상인 공통지표를 만들어 계량적으로 부서를 평가한다. 평가지표는 기관마다 다르며 평가체계도 다르지만, 성과평가의 목적은 같다. 정성적인 하향식 평가[9](정성평가)의 미흡점을 계량평가를 통해서 보완하고자 하는 성격이 강하다. 기획부서에서의 업무 비중은 5%이며 약 5년 이상의 업무경력이 있는 대리급 이상에서 업무를 수행한다.

마. 이사회 운영

이사회는 공공기관의 최고 의사결정기구로 기관장과 상임이사 · 비상임이사로 구성하며 기관장이 의장이 되는 것이 일반적이다. 기관이 주요 의사결정을 심의 · 의결하는데 매년 2월과 12월에 정기이사회를 개최하고 그 외에는 심의안건이 있을 때마다 수시 이사회를 개최한다. 이사회에서 주로 다루는 안건은 예산과 사업계획, 주요 규정의 제개정, 임원의 보수, 회계 결산 및 잉여금 처분 등이다. 기획부서에서 이사회 업무의 비중은 5% 정도이며, 업무경력이 2년 이상인 주임급에서 업무를 수행한다. 업무의 중요성은 높으나 이사회 운영을 하는 업무는 정해진 절차에 따라 준비하면 되기 때문에 업무를 배우는 신규직원이나 주임급에서 주로 담당한다.

---

9 대부분의 공공기관은 정성평가(기관마다 평가 명칭은 다름)를 역량평가 방식에 점수법과 서열법을 혼합해 평가제도를 설계한다. 각 항목별 역량을 보직 또는 직급별로 만들어 역량에 대한 정의를 하고, 점수를 배정해 5척도(예로 해당역량 점수는 10점이고 S는 10점, A는 9점 등)로 평가자의 정성적 주관에 따라 점수를 부여하고 이를 합산해 평가대상자의 정성평가 점수를 도출한다. 쉽게 역량평가지만 이 속에는 점수법과 서열법이 반영됐다고 생각하면 된다. 정성평가는 인사부서에서 제도를 설계 · 운영한다.

바. 대관업무

공공기관은 관련 법령의 개정이나 예산을 획득하기 위해서 국회의 심의·의결 절차를 걸쳐야 한다. 국가의 예산을 사용하기 때문에 국민의 대의기관인 국회의 통제를 받고 있다. 공공기관은 국회의원의 질의에 성실히 답변해야 하고 국회에 출석해 기관에 대해서 성실히 설명할 의무가 있다. 기획부서에서 국회 업무의 중요성은 가장 크다. 기관의 예산과 법령을 국회에서 결정하기 때문이다. 하지만 비중은 약 5% 이내이고 업무는 약 5년 이내의 대리급에서 많이 담당한다. 업무 담당은 대리급에서 하지만 국회 대응은 기관 차원에서 진행한다. 기관장이 국회의원에서 기관 현안을 설명하고 이해를 구할 수 있으며, 사안에 따라서 각 사업부서 부서장이 직접 국회를 방문에 국회의원실 보좌진에게 보고 또는 설명해야 하는 일도 비일비재하다.

사. 공시 및 사업실명제

공공기관은 정부의 예산(출연금, 보조금 등)으로 운영되는 공적인 업무를 수행하는 공조직이다. 모든 업무는 국민에게 관련 절차에 따라 투명하게 알릴 의무가 있다. 공공기관은 제도적으로 공시제도와 사업실명제라는 제도를 통해서 공공기관의 모든 정보를 공개하고 있다. 기관의 홈페이지와 함께 공공기관 경영정보 통합시스템(알리오)을 통해서 對 국민 공개 서비스를 제공하고 있다. 기획부서에서 관련 업무의 비중은 5% 이내로 주로 업무경력 2년에서 5년 이내의 주임급에서 업무를 담당한다.

아. 현안 및 그 밖의 행정

1) 현안업무

공공기관에서는 현안업무가 수시로 발생한다. 공공기관의 역할과 책임을 다하기 위해서 국민의 요구사항에 즉각적으로 반응해야 하고 주무기관 또는 기획재정부, 국회의 요구사항 이행을 위해 각종 보고 자료를 만들고 설명과 보고자리에 참석해야 한다. 이러한 현안업무는 신속하고 정확하게 진행되어야 하므로 기획부서에서 업무 비중은 높지 않지만, 업무경력이 약 10년 이상 되는 과장급 이상에서 현안업무 대응을 전담한다.

2) 그 밖의 행정업무

(1) 업무조정

기획부서는 다른 부서에서 하지 않는 업무를 재분배하거나 조율하는 기능을 수행한다. 새로운 직무가 생겼을 때 어느 부서에서 해당 직무를 수행하는 것이 적합한 지 내부 구성원의 의견을 고려해 기획부서에서 업무조정을 실시한다. 한 예로 국가인권위원회에서 인권경영이란 새로운 업무가 발생했을 때 어느 부서에서 해당 업무를 수행하는 것이 타당한지를 많은 기관에서 고민했을 것이다. 고민의 결과는 기획부서 또는 감사부서에서 기관의 여건 등을 고려해 두 개 부서 중 한 부서에서 해당 업무를 수행하고 있다. 관련 업무는 조직업무를 담당하는 담당자가 수행한다.

(2) 경영혁신

혁신업무는 정부의 정책 방향에 따라 이행하는 경우가 대부분이다. 공공기관에서 경영혁신의 핵심은 인력을 조정하고 자산 감축을 통해 부채를 낮추는 일이다. 이것 또한 외부의 압력이 있을 때만 가능한 일이다. 기관 스스로 나서서 인력을 줄이거나 자산을 팔아 부채 탕감에 쓰는 과감한 업무를 추진하는 공공기관은 찾아보기 어렵다. 이 책에서는 경영혁신 분야에 대해 자세히 설명하지 않겠다. 혁신이란 범위가 너무 광범위하고 기관의 의지에 따라 추진하는 일이 아니기 때문이다. 제안제도를 통한 소소한 혁신이나 개선 업무는 추진하지만, 공공기관 전체의 근본적인 문제를 해결하는 혁신은 정부의 정책 의지나 제삼의 기관(국회, 언론, 국민 등)의 요구로 이루어지는 업무이기 때문이다. 이 책에서는 일상적으로 기획부서에서 진행하는 업무를 중심으로 설명하고자 한다.

❝ 기관 자체적으로 내 살을 도려내는 일은 하긴 힘들다. 내부 구성원의 반발을 무릅쓰고 혁신을 추진할 강력한 동기가 있어야 하는데 기관 스스로 그러한 동력을 찾기는 어렵다. 기관을 변화시키고 혁신하는 방법은 '외부의 충격에 내부를 변화시키는 것'이 가장 이상적인 방법이다. 기획부서에서 혁

신업무는 수행하지만, 내부 동력에 의해 업무를 추진한다기보다는 정부나 국회, 감사원, 언론이나 국민의 요구가 있을 때 혁신의 동력이 발생한다.

모든 조직은 미래의 변화를 두려워한다. 불확실한 미래를 바라보고 일하기보다는 현재의 안정을 추구하려는 경향이 강하다. 미래의 불확실성을 명확한 비전과 목표로 만들어 줄 수 있는 리더가 존재한다면 믿고 의지하며 기획부서 담당자들은 적극적인 자세로 업무를 추진할 것이다. 하지만 3년 단위의 임기를 가지고 있는 기관장이 과연 기관을 혁신하고 새로운 미래상을 보여줄 수 있는 리더십을 구성원에게 보여줄 수 있을지는 미지수다. 그만큼 내부적으로 근본적인 혁신은 제한될 수밖에 없다. **"**

기획부서는 기관의 핵심부서이다. 기관의 경영목표를 달성하고 기관장의 경영방침을 이행하기 위해서는 기획부서에서 중심을 잡고 기관을 운영할 수 있는 역량이 있어야 한다. 모든 공공기관에서 기획부서에 기관을 이끄는 핵심 인재를 배치하는 이유는 기획부서에서 수행하는 직무가 중요하고, 수행하는 직무 대부분이 기관의 운명과 직결되기 때문이다. 공공기관 기획부서에서 근무하는 모든 기획쟁이들은 자부심을 느끼고 업무를 수행했으면 좋겠다.

PART 2

공공기관 기획쟁이 핵심업무

01
경영계획

기획부서에서 근무하는 것은 기관의 핵심 인재라는 의미이다. 그중에서도 경영계획을 수립하고 경영목표를 설정하는 업무를 담당한다는 것은 기관에서 인정한 핵심 인재 중의 최고봉이라는 것과 같다. 자부심을 느끼고 있어도 좋다. 이 책에서는 일반적인 경영이론을 말하기보다는 실무에서 경험했던 사례와 실제로 공공기관 기획부서에서 경영체계와 계획을 어떻게 수립하고 진행하는지를 중심으로 설명하고자 한다. 전문적인 용어보다는 실무에서 사용하는 실질적인 용어를 사용하고자 한다.

가. 개념설명

기획과 계획이란 용어가 있다. 책의 들어가기에서도 간단하게 언급했듯이 실무적으로는 큰 의미 없이 사용해도 무방하다. 공공기관에서 기획서라는 용어는 별로 사용하지 않고 '~계획', '~기본계획', '~추진계획'이란 용어를 더 많이 사용한다. 그렇다고 기획이란 개념이 계획에 없다는 의미는 아니다. 기관의 전반적인 중장기계획을 수립하는데 엄밀히 말해서는 중장기 기획이란 용어가 타당하지만, 통상적으로 계획이란 용어를 사용하고 각 기관의 설립 근거법 상에 중장기발전계획이란 용어가 법령에 명시되어 있어 계획이란 용어를 많이 사용하고 있다는 정도로 이해하면 좋겠다. 이론적 지식과 배경은 머릿속에 두고 실무적인 관점에서 업무를 배우는 습관을 들였으면 좋겠다.

'왜'라는 의문을 가지는 것도 좋지만 불필요하게 의미를 해석하고 고민하는 시간에, 앞에 닥친 업무를 빨리빨리 소화할 수 있는 업무처리 능력을 키우는 게 기획부서 담당자에게는 더 좋지 않을까 생각한다. 기획부서는 처리해야 할 일이 나도 모르게 쌓이는 경우가 많다. 내가 예측하지 못하는 일들도 많이 생기고 상황에 따라 현장에서 업무를 처리해야 하는 일도 있다. 그만큼 업무가 많고 긴박하게 돌아가는 일들이 계속 생긴다. 그래서 기관의 핵심 인재들이 기획부서에서 근무하는 것이다. 순간순간 대처해야 하는 일도 있고 장기적인 관점에서 기관이 나아가야 할 방향을 제시하는 일도 해야 한다. 내부 구성원을 하나의 경영목표로 묶어 함께 성과를 낼 수 있게 계획을 수립하기도 한다.

경영계획 수립 업무는 기관이 나아가야 할 방향을 설정하고 기관의 정체성을 확립하며 경영목표를 통해서 구성원을 하나로 묶는 일이다. 기관에서는 가장 중요한 일이며 기관장이 가장 관심과 노력을 기울이고 있는 과업 중의 으뜸이다.

공공기관에서는 크게 두 개의 계획을 수립한다.

≋ 첫 번째가 중장기발전계획 또는 미래전략계획이다.

기관이 앞으로 몇 년간 추진해야 할 일을 계획에 반영하는 것이다. 기관의 미션(Mission)과 비전(Vision)하에서 경영목표를 수립하고 그 속에서 핵심가치를 도출해 기관 구성원이 공유하면서 이를 이루기 위한 전략을 세우게 된다. 중장기발전계획에는 이와 같은 기관의 경영체계가 반영된다. 보통 기관장이 새롭게 부임하면 기관장의 경영철학과 방침에 따라 기관의 중장기발전계획을 수립한다. 기존에 있던 계획을 보완·발전시켜 새롭게 부임한 기관장의 의중이 반영된 계획을 수립한다.

미래전략은 장기적인 관점에서 중장기발전계획을 보완하는 역할을 한다. 중장기발전계획이 5년 이내의 계획이라면 미래전략은 5년 이상 기관의 미래상을 만드는 일이다. 중장기발전계획과 미래전략이 비슷하게 느껴질 수 있으나, 시기와 관점의 차이가 있다고 이해하면 된다. 중장기발전계획은 5년 이내 우리가 해야 할 일을 계획하는 것이라면 미래전략은 우리 기관의 미래상을 만들어 가기 위해 내부 구성원이 무슨 노력을 해야 할지 길을 만드는 일이다. 큰 틀에서는 차이가 있으나, 중장기발전계획이 계획대로 성과를 달성하면 미래전략도 계획대로 기관의 미래상을 만들어 간다고 보면 좋겠다.

◈ 두 번째로 단년도 업무계획이다.

매년 연초에 중장기발전계획을 근거로 해당연도에 사업을 어떻게 추진하겠다는 업무계획을 만든다. 이 업무계획에는 전년도 경영평가에서 나왔던 지적사항을 반영해 구체적인 계획을 수립해야 한다. 기관의 전략체계에서 내가 속한 부서는 어떤 업무를 수행해야 기관에서 정한 목표를 달성할 수 있을지를 고민해서 계획을 수립한다. 사업부서는 담당 사업과 관련된 주변의 대내외 환경을 분석하고 그 속에서 추진할 사업을 구상해 실천 계획을 마련한다. 과제별로 목표를 정하고 목표를 달성하기 위한 이행계획도 반영해야 한다. 목표는 구체적으로 계량화하는 것이 좋다.

❝ 업무계획은 크게 두 가지 형태로 작성한다. 하나는 예산에 근거하여 예산을 어떻게 사용할지 사용항목별로 작성하는 사업계획이 있고, 다른 하나는 기관의 경영체계 속에서 전략과제를 연간 이행하기 위한 업무계획이다. 크게 보면 큰 차이는 없어 보이지만 예산을 기본으로 하는 계획이냐, 경영체계 이행을 위한 계획이냐가 큰 차이다. 그래서 작성 양식도 다르다. 예산과 연동된 사업계획은 매년 11월 또는 12월에 이사회 심의·의결을 거쳐 주무기관 장관의 승인을 받아야 한다. 연초 업무계획은 별도의 절차 없이 내부절차에 의해 기관장 결재를 받고 사업을 시행한다. 다만 기관의 규정에 따라서는 이사회 심의안건으로 상정해 심의·의결 받을 수도 있으나, 일반적으로 단년도 업무계획은 보고안건으로 처리한다. **❞**

나. 실무업무

앞에서도 언급했듯이 기관의 중장기발전계획을 수립하는 일은 기관 입장에서는 굉장히 중요한 일이다. 기관이 앞으로 어떻게 나아가야 할 지를 결정하는 계획이기 때문에 신중하게 만들어야 하고, 기관장의 의 중과 내부 구성원의 합의가 반영되어야 한다. 그래서 일반적으로 전문 외부 업체에 의뢰해 용역을 통해서 계획을 수립한다. 내부적으로 계획 을 수립할 수도 있지만 내부 구성원의 이견을 조율하는 과정에서 사업 의 우선순위와 방향성이 흔들릴 수 있어 기관 대부분에서 중장기발전 계획 수립을 위한 용역을 실시한다.

용역은 일반적으로 짧게는 4개월 길게는 6개월 정도의 기간이 필요 하다. 용역은 기관 현황에 대한 분석(대내 · 와 환경)을 시작으로 주요 관계자 인터뷰, 구성원 설문조사, 다른 기관 사례분석의 순서대로 진 행한다. 계획수립에 구성원의 의견과 임원진의 경영방침이 중요하기 때문에 워크숍 형태로 집단 토의를 할 수도 있다. 또한 기관을 관리하 는 주무기관 담당 국장 · 과장 또는 담당 공무원의 의견을 듣는 것도 중 요하다. 기관의 정체성과 추진하고자 하는 사업의 방향은 중앙부처 정 책과도 긴밀한 연관성이 있기 때문이다.

중장기발전계획 수립을 위한 용역도 일반적인 용역들과 같은 방법으 로 진행한다. 착수 보고를 통해 용역을 어떻게 진행할 것인지 확인하 고 중간보고를 통해 결과물에 대한 설명을 듣는다. 중간보고에서 나와

던 구성원들의 의견을 최종적으로 반영해 최종보고를 한다. 용역에서 나온 결과물을 바탕으로 기획부서 담당자는 기관의 중장기발전계획을 수립하고 이사회 심의안건으로 상정한다. 이사회에서 이사들에게 중장기발전계획을 수립한 배경과 목적을 비롯하여 경영체계와 주요 추진전략, 목표 등에 관해서 설명하고 참석 이사들의 의견을 최종적으로 반영하여 계획을 완성하게 된다. 상정한 안건의 수정사항이 생기면 수정하여 의결하고, 수정된 부분을 반영해 최종안을 확정한다. 원안대로 의결하게 되면 안건으로 상정한 안을 최종안으로 확정하게 된다. 최종적으로 확정한 중장기발전계획은 기관 홈페이지에 공개하면 계획수립과 관련된 실무업무는 마무리된다.

중장기발전계획 수립이 완료되면 이를 근거로 연간 업무계획을 부서별로 수립한다. 매년 연초에 정기적으로 진행하는 일인데 기획부서는 각 부서에서 업무계획을 수립할 때 일정한 통일 양식을 제공해야 한다. 부서별로 다르게 작성하는 것을 사전에 방지해야 원활하게 기관 업무계획을 수립할 수 있다.

〈기관 경영계획 추진 절차〉

■ 중장기발전계획

① 계획수립	② 입찰	③ 용역추진	④ 계획 확정
• 용역 추진계획 *계획에는 용역 기간, 기초금액, 업체선정방법 등을 반영하고 과업 및 제안서를 붙임에 포함함	• 입찰 요청 –과업 및 제안요청서 작성(기획→계약부서) • 입찰 공고 – 업체 선정 제안서평가 우선 협상업체 선정	• 착수→중간→완료 • 용역 내용 –대내외환경분석 –이해관계자 인터뷰 및 설문, 워크숍 등 –계획(안) 도출 –용역 결과물 제출	• 계획안 마련 *주무기관 보고 • 이사회 심의의결 • 기관장 결재 • 홈페이지 공지

■ 단년도 업무계획

① 추진계획 수립	② 각 부서 작성	③ 종합 및 발표
• 업무계획 수립을 위한 추진계획 마련 – 작성 양식 배포 *작성 방법은 세부적으로 사례를 들어가며 설명 – 일정 및 작성 기간 공지	• 중장기계획을 근거로 각 부서의 전략과제 이행계획 수립 • 통일된 양식에 따라 전략과제를 이행할 수 있는 세부 과제와 목표 명시	• 기획부서에서 종합하여 최종 연간계획 수립 *부서별 업무계획은 연초 업무보고 자료로 활용 *기관에 따라 업무 공유차원에서 발표회 개최

* 단년도 업무계획은 중장기발전계획과의 연관성이 중요하고, 구체적인 이행계획이 반영되어야 한다.(이행 목표와 측정 방법 등 포함) 중장기발전계획과 업무계획의 연계성은 경영평가에서 중요한 평가요소가 된다.

1) 중장기발전계획

(1) 경영체계

중장기발전계획을 수립할 때 가장 앞에 나오는 내용이 경영체계이다. 기관의 설립목적과 하고자 하는 미래상 그리고 이를 달성하기 위한 가치, 이를 실천할 수 있는 전략을 하나의 도식으로 표현한다. 이를 부르는 말은 경영체계, 가치체계, 전략체계 등 다양하지만 실무적으로는 편하게 경영체계로 부르는 경우가 많다. 경우에 따라서는 가치체계와 전략체계를 구분해 미션과 비전, 핵심가치와 경영목표를 가치체계라고 하고 전략목표와 전략방향, 전략과제를 전략체계로 나눠 구분하는 데 큰 의미는 없다고 생각한다. 이 책에서는 설명하기 쉽게 가치체계와 전략체계를 구분해서 설명하도록 하겠다. 구분은 큰 의미는 없다는 것만 알면 될 듯하다.

① 가치체계

▓ 미션(Mission)은 첫 번째다.

미션은 기관의 존재 이유를 말한다. 기관의 설립목적이라고 생각하면 된다. 설립 근거법이 있는 모든 공공기관은 법 제1조에 설립목적을 정의하고 있다. '이 공공기관은 무엇을 하기 위해 설립한다'라고 되어 있으며, 법의 설립목적을 일반 국민이 이해하기 쉽게 표현한 것이 미션이다. 어떻게 하면 우리 기관의 설립목적을 이해하기 쉽고 가독성 있게 표현할지, 모두가 공감할 수 있게 문구를 만들 수 있을지 고민하면서 미션을 수립한다.

미션을 만들 때는 기관과 관련된 대내·외 이해관계자(내부 구성원, 중앙부처 관계자, 기관과 관련된 업체·협회·단체 등)들의 의견을 듣고 수많은 논의와 설명회 등을 통해서 결정한다. 내부 구성원들은 토론회와 설명회, 워크숍 등을 통해서 여러 개의 안을 도출하고 도출된 안에 대해서 중앙부처 관계자와 대외 이해관계자의 설문과 인터뷰 등을 통해서 전달된 의견을 바탕으로 최종적으로 안을 임직원이 의견을 모아 기관장의 결정으로 미션을 확정한다.

〈주요 공공기관 미션 및 설립 근거 법상 설립목적 비교〉

구분	설립목적	미션
인천국제공항공사	「인천국제공항공사법」 제1조 인천국제공항을 효율적으로 건설 및 관리·운영하도록 하고, 세계적인 공항 전문기업으로 육성함으로써 원활한 항공 운송과 국민 경제발전에 이바지하게 함을 목적으로 함	인천공항의 효율적 건설·관리·운영, 세계적 공항전문기업 육성, 항공운송 및 국민경제발전에 이바지
한국수자원공사	「한국수자원공사법」 제1조 수자원을 종합적으로 개발·관리하여 생활용수 등의 공급을 원활하게 하고 수집을 개선함으로써 국민생활의 향상과 공공복리의 증진에 이바지함을 목적으로 함	물이 여는 미래, 물로 나누는 행복
한국마사회	「한국마사회법」 제1조 경마의 공정한 시행과 말산업의 육성에 관한 사업을 효율적으로 수행하게 함으로써 축산의 발전에 이바지하고 국민의 복지증진과 여가선용을 도모함을 목적으로 함	말산업으로 국가경제발전과 국민의 여가선용에 기여한다.
국립생태원	「국립생태원의 설립 및 운영에 관한 법률」 제1조 생태와 생태계에 관한 조사·연구·전시 및 대국민 교육 등을 체계적으로 수행하여 환경을 보전하고 올바른 환경의식을 함양함을 목적으로 함	자연생태계 보전과 생태가치 확산으로 지속가능한 미래 구현

※자료: 각 기관 홈페이지 및 설립근거법을 바탕으로 재구성함

🔖 비전(Vision)은 기관의 미래상이다.

미션이 존재 이유라면 비전은 기관이 추구하는 목표(미래상)이다. 보여주고 싶은 모습이기도 하고 나아가야 할 방향이기도 하다. 우리 기관이 앞으로 몇 년 동안 어떤 모습일까를 표현하고 다짐하는 것이다. 내부 구성원들이 단합해 앞으로 만들고 싶은 기관의 모습을 나타낸 것으로 생각하면 된다. 비전은 기관의 업태에 따라 '~전문기관', '~세계 최고의 연구기관' 등 선언적인 성격으로 나타내는 경우도 있고, 구체적인 목표를 명시하는 경우도 있다. 기관의 특성을 고려하여 결정할 수 있고 기관장의 경영전략을 반영해도 괜찮다. 물론 정답은 없으며 이해관계자들의 요구와 구성원의 의견을 반영해 결정하는 것이 좋다.

🔖 핵심가치(Core value)는 시대의 흐름을 반영한다.

기관의 핵심가치는 내부 구성원이 공유해야 할 기준이다. 가치체계를 수립할 당시의 시대상을 반영하고 정부의 정책 방향에 맞는 용어를 선택하면 된다. 내부 구성원이 사업을 추진할 때 가장 먼저 생각해야 하는 '생각 · 인식의 틀'이다. 공공기관 대부분의 핵심가치는 대동소이하다. 왜냐하면 공공기관에서 추진하는 업무가 정부 정책을 집행하는 성격이 강하기 때문이다. 정부에서 사회적 책임을 강조하면 대부분 공공기관 핵심가치에는 사회적 책임이 포함되어 있고, 정부에서 공정과 상식을 강조하면 이와 유사한 용어를 반영한다. 어떤 것이 옳고 그름의 문제가 아니라 시대의 흐름을 능동적으로 수용해 거기에 맞게 경영체계 또는 가치체계를 변경하는 것이 기획부서 담당자가 해야 할 일 중의 하나이다. 특히, 경영평가를 받으면 평가위원이 정부정책 이행이란 관점에서 기관의 경영체계를 평가한다. 정부에서 중점적으로 사용하는 용어나 가치는 즉각적으로 수용해 반영하는 것이 좋다. 묻지도 따지지도 말고 무조건 수용해야 한다.

〈주요 공공기관 비전 및 핵심가치 사례〉

구분	비전	핵심가치
인천국제공항공사	사람과 문화를 이어 미래로 나아갑니다	도전, 존중, 협력, 윤리
한국수자원공사	세계 최고의 물 종합 플랫폼 기업	포용, 안전, 신뢰, 도전
한국마사회	글로법 TOP5 말산업 선도기업	혁신선도, 소통·협력, 윤리·청렴
국립생태원	자연과 인간의 공존을 위한 국가 자연생태 플랫폼	생태중심, 상생협력, 국민공감, 자율혁신

※자료: 각 기관 홈페이지를 바탕으로 재구성함

🗟 경영목표(Business goal)는 실천이다.

경영목표는 기관의 미션과 비전을 이행할 수 있는 구체적인 목표로 수립한다. 대부분 기관에서는 숫자를 통해 명시적으로 달성 목표를 정하고 이를 이행할 수 있는 전략 방향과 목표, 과제를 설정하게 된다. 예를 들어 '청렴도 1등급', '사회적 책임 이행(취약계층지원 100만 건)' 등

실천할 수 있고 도전적인 목표를 단계적으로 이행할 수 있도록 앞으로 몇 년 내 달성할 수 있는 목표를 수립하게 된다. 기관에 따라서는 경영목표를 명시적으로 작성하지 않는 예도 있다. 비전을 구체적인 목표 제시형으로 작성하면 경영목표와 비전이 중복될 우려가 있어 경영목표를 미수립하고 바로 전략체계로 넘어가는 경우도 있을 수 있다.

② 전략체계

기관이 가지고 있는 가치체계를 어떻게 이행할 것인가를 구체적으로 수립하는 것이 전략체계이다. 전략체계는 이행 방향과 목표를 수립하고 이를 실천하기 위한 과제를 선정한다. 전략방향은 미션과 비전 그리고 핵심가치에서 밝힌, 기관이 추구하는 가치를 어떤 방향으로 구현할지를 3개에서 4개의 전략으로 방향성을 마련하게 된다. 그 방향성에 따라 목표를 설정하고 그 목표를 이행하기 위해 전략과제를 마련한다. 전략체계는 공공기관의 성격에 따라 모든 기관이 다르지만, 형식적인 면에서는 유사하다. 보통 4개의 전략목표 하에 3개에서 4개 정도의 전략과제를 수립한다. 3개의 전략목표는 사업 관련 목표이고 1개의 전략목표는 기관 경영과 관련된 부문으로 생각하면 된다. 공식은 아니지만 일반적으로 공공기관의 경영체계는 형식화되어 있다.

경영평가라는 외부 평가를 통해서 일정한 양식이 통일된 느낌이다. 전략과제가 12개 이내일 경우에는 너무 적어 보이고 16개 이상의 전략과제는 너무 많아 보이는 경향이 있다. 많이 본 것이 익숙해서 그럴 수도 있는데 새로운 관점에서 새로운 양식이나 체계가 나오면 또다시 그

틀과 양식에 적응하는 게 공공기관이기 때문에 앞에서도 언급했듯이 변화를 두려워하지 말고 시대의 흐름에 능동적으로 적응하고 대응하면 된다.

❝ 전략체계는 기관마다 추구하는 방향과 사업의 특성에 따라 모두 달라서 어떻게 하는 게 좋겠다는 의견을 내는 것이 부담스럽다. 다만, 담당자가 인지해야 할 사항은 전략 방향은 지향성을 추구하고, 전략목표는 구체성을 강조한다는 사실이다. 이 점만 담당자가 숙지한다면 전략체계를 수립하고 용역업체를 리드하는데는 문제가 없을 것으로 생각한다. ❞

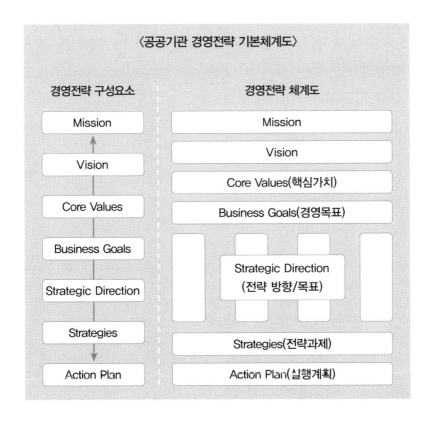

〈공공기관 경영전략 기본체계도〉

(2) 보고서 작성

기관의 경영체계가 완성되면 전략과제에 따른 과제별 실천 계획을 반영한 보고서를 작성해야 한다. 용역으로 중장기발전계획을 수립하게 되면 용역업체에서 기본적인 내용은 제공하지만, 최종 보고서는 담당자가 용역 내용을 바탕으로 수립해야 한다. 보고서에는 중장기발전계획 수립을 위한 환경분석 내용부터 들어가야 한다. 현재 기관의 처한 상황분석을 바탕으로 나아가야 할 방향을 설정하고 방향에 따른 목표를 설정할 수 있기 때문이다. 대부분 상황분석과 이해관계자의 의견 등이 용역보고서에 반영되었기 때문에 담당자는 관련 사항을 요약 정리할 수 있는 역량만 있으면 된다. 대내외 환경분석은 다양한 방법으로 분석하는데 대표적으로 장기적인 관점에서는 PEST 분석[10]을 많이 활용하고 단기적일 경우에는 SWOT 분석[11]을 적용한다.

대내외 분석이 완료되면 기관의 경영체계가 나온 이유와 근거가 마련됐다는 것이다. 상황분석을 통해 경영체계가 완성되고 그 속에서 추진해야 하는 전략과제가 나온다. 그 전략과제를 어떻게 추진할 것인지

---

10 사회환경 변화를 일으키게 하는 거시적 환경을 파악하는 데 활용되는 기법. 정치적 (Political), 경제적(Economic), 사회적(Social), 기술적(Technological) 측면 분석을 통해 환경이 특정 조직 또는 정책에 어떠한 영향을 미치는지 파악하고 대책을 수립·실행하는데 활용하는 분석기법(자료: 네이버 위키백과 내용을 재구성)

11 기업의 내부요인인 강점(Strength)·약점(Weakness), 외부요인인 기회(Opportunity)·위기(Threat)를 분석하여 기업의 경영전략을 수립하는 분석 방법이다. 일반적으로 내외부 요인을 연결하여 일반적으로 4가지 전략(SO, ST, WO, WT)을 수립하여 경영전략 수립에 활용한다.(자료: 네이버 위키백과 내용을 재구성)

중장기발전계획에는 반영되어야 한다. 기관의 경영목표와 전략목표를 이행할 수 있도록 전략과제를 도출하고 전략과제별로 이행계획을 수립하고 과제별로 개별 지표를 만들어 지표별 달성 목표를 수립해 사업을 추진하도록 계획에 반영한다.

보고서가 완료되면 내부보고를 하는데 보고 과정에서 추가되거나 보완·수정되는 상황이 발생한다. 기관에 따라 담당자가 작성한 사항이 기관장까지 특별한 수정·보완사항 없이 진행되는 일도 있지만 기관 대부분에서는 담당자가 작성한 보고서가 수정·보완 없이 추진되는 일은 거의 없다고 보면 된다. 수많은 수정과 보완을 거쳐서 기관의 중장기발전계획 초안이 확정된다고 보면 된다.

기관의 계획이 확정되면 주무기관에 보고하고 계획에 대해서 구체적으로 설명해야 한다. 주무기관은 기관의 경영 및 사업감독 권한이 있기 때문에 기관을 어떻게 운영할지와 방향성에 대해 공유해야 한다. 주무기관에서 기관의 중장기발전계획 방향성이나 경영체계가 정부의 정책 방향이나 부처의 지향점과 다르다는 의견을 제시하면 다시 원점에서 수정 및 보완작업을 해야 한다. 그래서 용역이나 계획수립 단계에서 주무기관과 긴밀한 협의 과정은 필수적이다. 주무기관의 의견을 최대한 반영해 중장기발전계획을 수립하는 것은 담당자로서 기본적인 업무 자세이다.

주무기관 설명까지 완료되면 이사회 안건으로 상정하게 되는데, 상정하기 전에 이사들에게 찾아가 설명을 하는 게 순서다. 중장기발전계획은 내용이 방대하고 이해하는데도 상당한 시간이 필요하므로 계획을 이해하고 원만한 이사회 진행을 위해 이사들에게 사전 설명 절차는 필요하다. 이사회에서 안건(중장기발전계획안)이 심의의결 되고 그 결과에 따라 후속 조치를 하면 중장기발전계획 수립 업무는 마무리된다.

> **66** 공공기관 이사회는 기관장, 상임이사와 비상임이사로 구성하고 있다. 상임이사는 기관에 상주하며 근무하기 때문의 사전에 이사회 상정 안건에 대해서 충분한 설명과 보고를 받지만, 비상임이사는 기관 외부에 있는 분들이기 때문에 기관이 어떻게 운영되는지 상세하게 이해하기 어려운 부분이 있다. 담당자는 상정 안건의 중요도에 따라서 사전에 비상임이사들의 이해를 돕기 위해 설명 및 보고를 하는 절차가 필요하다. 이는 담당자가 업무를 원만하게 풀어가기 위함이다. 이사회 안건에 대한 사전 설명 절차나 방법 등에 대한 구체적인 규정은 없지만 찾아가서 설명하는 노력을 한다면 이사회가 원만하게 운영될 수 있다. **99**

2) 단년도 업무계획

모든 공공기관은 연초가 되면 그 해 어떤 업무를 수행할지 업무계획을 수립한다. 중장기발전계획에 반영된 부서별 전략과제를 구체적으로 이행할 계획을 수립하는데 기획부서에서는 각 부서에 통일된 양식으로 사업부서에서 계획을 수립할 수 있도록 해야 한다.

일반적으로 업무계획은 전년도 사업 성과와 반성이 들어간다. 전년도 사업을 추진한 결과, 잘된 점과 잘못된 점을 분석하고 그 토대 위에서 해당연도 업무를 추진하는 것이다. 그래서 기관 대부분에서는 먼저 전년도 성과를 보고서 앞에 내세우고 반성할 사항을 한 장 또는 반장 정도로 작성하는 경우가 대부분이다. 성과도 보기 좋게 한 장으로 시각화해 표현을 많이 하고 있다. 구체적인 실적은 글로 표현하고 한 장으로 인포그래픽 같이 그림으로 나타낸다.

전년도 분석 및 시사점 도출이 완료되면 해당연도 추진전략을 수립하고 해당연도 목표와 추진과제를 마련한다. 추진과제는 중장기발전계획의 전략과제와 연동해 설정한다. 이 부분은 경영평가에서 중요한 평가항목이기 때문에 해당연도 추진과제는 반드시 중장기발전계획에 반영된 전략과제와의 연결성을 고려해야 한다. 해당연도 전략체계가 완료되면 추진과제를 어떻게 실천할 것인지 이행계획을 사업부서로부터 받아 업무계획에 반영해서 마무리하면 된다.

66 기획부서 담당자는 사업부서에서 제출한 계획을 검토해야 한다. 사업부서는 사업을 중점적으로 수행하는 부서이기 때문에 보고서 상의 문구나 내용, 문맥, 지표에 대한 산식, 목표 설정 등이 숙달되어 있지 않은 경우가 많다. 기획부서 담당자는 이런 부분을 확인하고 수정사항에 대해서는 재요청을 하는 절차를 거쳐야 완성도 있는 업무계획이 나올 수 있다. **99**

기획부서 담당자는 전년도 분석과 시사점 도출, 그리고 해당연두 전략체계에 대한 기본 틀을 만든다. 각 부서에서 수립한 세부 과제와 추진계획을 보고서에 반영해 단년도 업무계획 보고서 작성을 완료하면 된다. 작성한 초안은 중장기발전계획과 같이 내부 결재 절차를 거쳐서 주무기관에 보고해야 한다. 그리고 이사회에 보고안건으로 제출해 이사들에게 해당연도 업무를 설명해야 한다. 경우에 따라서는 심의안건으로 상정하는 경우도 있는데 각 기관의 규정에 따라 결정하면 된다. 기관 대부분은 예산안과 사업계획을 해당연도의 전년도 12월의 이사회에서 심의·의결하기 때문에 해당연도 연초에 작성하는 업무계획은 보고안건 정도로 이사회에 설명하는 선에서 업무를 진행한다.

한국공공기관관리원 20○○년 업무계획

1. 기관 일반현황

■ (설립근거) ○○○○○법

> **설립목적**
>
> ◆ ○○○ 공익기능 및 가치 확산을 위한 기관 설립
> ◆ ○○ 관련 ○○, ○○, ○○ 기능을 통하여 ○○에 기여

■ (주요연혁) ○○○○ 설립 타당성 용역('00.00.00.) → ○○○○법 제정
('00.00.00. 제정) → 법인 설립('00.00.00.)

■ 주요 기능 • ○○○○에 관한 ○○ 및 조사, 연구
• ○○○ 분야 기본 운영계획 및 중장기 발전계획 수립, 시행
• ○○○ 분야와 관련된 국내외 교류, 협력 및 홍보

■ 조직 및 정원 • 조직도(그림 반영)
• 정원 및 현원(직급별 인원)

■ 주요현황 • 시설규모
– (부지면적) 00,000㎡, (건축연면적) 00,000㎡
– (주요시설) 본관, 교육동, 연구센터, 연수원 등

■ 예산 현황
• (세입) '○○년 예산규모는 전년 0,000백만원 대비 00백만원 증액된 0,000백만원
• (세출) 사업비 0,000백만원, 인건비 0,000백만원, 기관운영비 0,000백만원

구 분	'○○년 예산(A)	'○○년 예산(B)	증감 (B-A)	%	비 고
세출합계	00,000	00,000	0,000	00.0	–
1. 사업비	00,000	0,000	000	00.0	–
• ○○○○○○	0,000	0,000	000	0.0	–
• ○○○○○○○	0,000	0,000	000	00.0	–
• ○○○○○○○	0,000	0,000	000	0.0	
2. 인건비	0,000	0,000	0,000	00.0	
3. 기관운영비	0,000	0,000	000	00.0	

2. 2022년 주요성과 및 평가

■ 주요성과
- [업무 1] 기관 정체성 확립을 위한 경영전략체계 보완
  - (추진배경) 기관의 성장과 사업간 연계 강화를 위한 경영전략체계 보완
  - (추진내용) 대·내외환경 분석 및 단계별 절차를 통한 핵심 경영전략 도출
  - (추진성과) 기관 정체성이 담긴 경영전략체계 개선
- [업무 2] ○○○○○○○○○○○○○○○○○○○○○○○

■ 평가 및 반성
- [업무 1] 기관 정체성 확립을 위한 경영전략체계 보완
  - (평가) 동일한 경영목표 下 사업의 유기적인 연계를 통한 고유목적 법정사업의
    원활한 추진 가능 및 운영체계 내실화
  - (반성) 체계 수립 과정에서 시간상 임직원 전부의 인터뷰 진행 불가
    ☞ 차기 경영전략체계 보완 시 설문조사를 통해 다양한 의견 수렴
- [업무 2] ○○○○○○○○○○○○○○○○○○○○○○○

3. 20○○년 환경분석 및 전략체계

■ 경영환경 분석
- 정부 국정과제 연관성(국정과제 ○○/○○)

구분	주요내용		연관성 분석
국정과제 ○○		→	
국정과제 ○○			

↓

시사점	

■ 관리원 내·외부 환경분석
- (내부) 인력 및 조직 안정화, 적정예산 반영○○○○○○○○○○○○
- (외부) 공공기관 효율적 운영 강화,○○○○○○○○○○○○

【내 · 외부 환경 분석】

경영환경 ＼ 내부역량	강 점(S)	약 점(W)
기회 (O)	역량확대 (SO)	기회포착 (WO)
위협 (T)	선택집중 (ST)	약점보완 (WT)

- 시사점　　• 공공기관의 효율적 운영 체계 마련
　　　　　　• 공공기관 임직원 역량강화를 위한 교육체계 확립 필요

4. 2023년 업무계획

- 목표 1 : ○○○○○○○○○를 위한 관리기관

　가. 과제명 : ○○○○○○○

　• (추진목표) 기관의 설립목적을 달성하고 공공기관의 효율적 운영과 체계 구축
　　　　　　　을 위해 ○○○○○○○○○○○○○○○○○○○○ 실현

　• (추진내용)　가-1 : ○○○○○○○○○○○○○○○○○○○○○○○○○

　　　　　　　　가-2 : ○○○○○○○○○○○○○○○○○○○○○○○○○

　• (추진절차)

　• (기대효과)

　• (관리지표) "계량과 비계량으로 구분하여 작성"

　• (추진일정) "매월 추진사업별 시작/진행/결과 반영"

구분	업무	2월	3월		11월	12월
XX	XXXXXXXXXXX	■■■	■■■	...	■■■	
		XX단	입XX고		XX	
XX	XXXXXXXXXXX					

- 목표 2 : ○○○○○○○○○○

※붙임: 사업별 관리지표 및 목표 현황 1부. 끝.

3) 현안계획

　공공기관 기획부서는 현안업무가 많다. 긴급하게 기관장이나 임원급 보직자가 상급기관에 보고해야 하는 현안 사항이 자주 발생한다. 이에 대응하기 위해 담당자는 정해진 기간과 양식에 맞게 보고서를 작성해야 한다. 주로 공공기관과 관련된 사회적 이슈가 발생하면 주무기관 장관 주제로 산하 공공기관 기관장 회의를 하는데 이때 그냥 기관장이 참석하는 게 아니라 쟁점에 대한 현황 및 대응방안, 후속조치 계획 등을 수립해 보고회 전에 주무기관에 제출한다.

　이와 유사한 일들이 매달 있다고 보면 된다. 쟁점도 다양해서 모두 기획부서에서 작성하는 것은 아니지만, 일정이나 보고서는 기획부서에서 검토하고 외부로 발송해야 한다. 보고서는 기관의 얼굴이고 기관의 역량을 외부에 나타내는 것이기 때문에 중요하다. 특히 다른 공공기관과 비교되는 자리에 제출하는 보고서는 더욱 신경을 써서 작성해야 할 필요가 있다. 다른 기관과 비교되기 때문이다.

　주무기관 이외에도 국회 또는 기획재정부 등에서 요구하는 현안보고 및 설명이 필요한 자료가 많이 있다. 기존에 없던 현안들도 자주 발생하기 때문에 설명 및 보고자료를 새롭게 작성해야 하는 일도 비일비재하다. 밤을 새우면서 보고서를 작성하고 기한 내에 업무를 마무리하기 위해 수많은 시간을 보낸 적도 부지기수다. 그래서 기획부서에서 중장기발전계획 및 계획업무를 담당하는 과장급 이상 담당자는 기관의 보고서 달인이 되어야 한다. 아니 그 자리에 1년 정도 있어 보면 보고서 작성의 달인이 될 수밖에 없다. 그만큼 작성하는 보고서의 양이 많고 신경을 써서 작성해야 하는 보고서 개수가 있어서 항상 신경을 곤두세우고 업무를 해야 한다.

02
예산관리

　기획부서에서 근무하면서 가장 힘들고 민감하며 고민의 연속인 업무가 예산업무다. 확인하고 조율·검토해야 할 사항도 많고, 이해관계자의 입장을 고려한 설득 논리를 개발해 대응해야 하는 복잡한 업무이다. 업무를 추진하는 단계별로 해결해야 할 난제가 속출하고, 그때마다 긴밀한 대응을 통해서 기관이 얻고자 하는 최선의 결괏값을 도출하기 위해 업무 담당자는 예산이 확정되기 전까지는 긴장의 끈을 풀 수가 없다.

　내부적으로 업무를 조율해 내부 안을 확정하고, 그 안을 바탕으로 주무기관과 기획재정부를 설득해 정부안이 확정될 때까지 수많은 설명자료와 이해관계자를 설득하기 위한 시간을 얻기 위해 노력한다. 기관의 규모와 역할, 역량 등에 따라 기획재정부와 협의 과정이 차이가 날 수는 있지만 예산을 담당하는 담당자는 매년 기획재정부라는 거대한 산을 넘어야 한다. 단순하게 넘을 수 있는 산이 아니기 때문에 기관에서 동원할 수 있는 모든 역량을 모아 기획재정부를 설득하고 이해시키기 위해 노력한다.

기획재정부를 내 편으로 만드는 일은 정말 어렵다. 나와 같은 생각을 하는 수많은 기관이 기획재정부만 바라보고 있기 때문이다. 한정된 예산을 조정하는 기획재정부 입장에서는 정부의 국정목표와 기조에 따라 사업의 우선순위에 의해 예산을 배정한다. 담당자는 기획재정부의 입장을 고려해 기관의 예산획득 방향을 설계하고 대응해야 한다. 공공기관 예산업무는 정부안 확정이 가장 중요하다.

가. 개념설명

예산은 회계연도[12] 기준으로 세입과 세출을 금액으로 명시한 문서이다. 예산은 성립부터 완결까지 일정한 과정을 거치는데 ① 예산과정은 예산편성(기관/정부), 예산심의(정부/국회), 예산집행(기관), 예산결산(국회/감사원)의 순으로 진행한다. ② 예산주기는 3년 주기로 시작하는데 〔Y-1년〕예산편성 및 심의, 〔Y년〕집행, 〔Y+1년〕결산으로 마무리한다.

〈예산 3년 주기〉

구분	2022년 (Y-1년)	2023년 (Y년)	2024년 (Y+1년)
2022년 예산	집행(기관)	결산(국회)	·
2023년 예산	편성 및 확정 (정부/국회)	집행(기관)	결산(국회)
2024년 예산	·	편성 및 확정 (정부/국회)	집행(기관)
2025년 예산	·	·	편성 및 확정 (정부/국회)

12　회계연도는 매년 1월 1일부터 12월 31일까지이다.

예산은 기본적으로 수입과 지출로 나눌 수 있다. 공공기관 수입은 크게 정부지원수입(직접/간접 지원)과 그 밖의 수입 등으로 구분하며 지출은 인건비, 경상운영비, 사업비 등으로 나눌 수 있다. 정부지원수입은 직접지원과 간접지원으로 세부적으로 나눌 수 있다. 직접지원은 출연금, 보조금, 부대수입 등이 있고 간접지원은 사업수입과 위탁수입, 독점·부대수입이 있다.

〈공공기관 수입·지출 구분〉

구분			내용
수입	정부 지원 수입	직접 지원	출연금	정부로부터 직접 출연받은 금액
			보조금	보조금 관리에 관한 법률에 따라 지원받은 금액
			부담금	부담금관리 기본법에 따른 부담금 수입
			이전수입	기금으로부터의 전입금 등 그 밖의 정부로부터 이전받은 수입
			부대수입	정부의 직접 지원액의 이자 등 운용수익
		간접 지원	사업수입	법령에 규정된 해당 기관의 업무로 인한 수입
			위탁수입	법령에 규정된 위탁 근거에 따라 위탁받은 업무로 인한 수입
			독점수입	법령에 규정된 독점적 사업으로 인한 수입
			부대수입	정부의 (간접)지원액의 이자 등 운용수익
	그 밖의 사업수입			설립 근거법에 명시되지 않은 사업의 수행에 따라 발생한 수입
	부대수입			그 밖의 사업수입액의 이자 등 운용수익
	출자금			특정사업 추진을 위하여 재원을 분담하기 위한 목적으로 정부 등으로부터 공공기관이 출자받은 수입
	차입금			기관 운영 또는 투자를 위해 외부로부터 조달한 자금
지출	인건비			기관 임직원의 보수
	경상운영비			기관 운영을 위한 고정비용
	사업비			기관 고유목적 사업 수행에 필요한 비용
	차입상환금			외부 조달 자금에 대한 상환비용

※ 2023년 대한민국 공공기관(국회예산정책처, 2023. 4.) 내용을 바탕으로 재구성

공공기관 예산업무는 국가예산체계와 연동해 진행한다. 「국가재정법」에 따라 ① 중기재정계획을 수립하고, 이를 근거로 ② 단년도 예산안을 마련해 ③ 정부안에 반영될 수 있도록 노력한다. 정부안이 확정되면 ④ 국회에서 최종 승인될 수 있도록 대응해야 한다. 이런 과정이 매년 반복되며 그 과정에서 제출해야 하는 문서가 정해져 있다. 예산업무를 수행하기 위해서는 예산에 대한 기본적인 이해가 필요하다. 예산과 관련된 용어에서부터 업무수행 절차는 「국가재정법」에서 규정하고 있다.

예산업무를 수행하기 위해서는 절차와 관련 용어에 대한 이해가 필요하다.

1) 예산업무는 절차에 따라 진행한다.

예산업무는 기본적으로 3년을 주기로 반복한다. 2023년을 기준으로 설명하면 올해는 2024년 예산을 확정하기 위한 예산작업을 한다. 공공기관은 중기재정계획(5개년 계획)을 수립한다. 보통 1월 중순 무렵까지 주무기관에 기관의 중기재정계획을 작성해 설명하고 수정사항을 반영해 최종안을 만들어 제출한다. 이를 반영해 주무기관은 부처 안을 확정하고 주무기관은 기획재정부에 부처 안을 매년 1월 말까지 제출한다.

기관의 중기재정계획이 확정되면 2024년 예산을 확보하기 위한 작업을 진행한다. 예산작업의 시작은 기관의 2024년 예산(안)을 마련하는 것이다. 중기재정계획을 근거로 하여 인건비와 경상경비, 사업비를 반영한 기관 예산안을 마련하는데 기관 예산안이 내부 조율을 통해 확정되면 주무기관 담당부서와 1차적으로 협의를 하고, 2차적으로 주무기관 예산담당부서와 협의를 통해서 주무기관의 2024년 예산안을 마련하게 된다. 주무기관과는 4월부터 5월까지 협의를 진행하는데 주무기관은 5월 말까지 부처 안을 기획재정부에 제출해야 한다.

주무기관 안에 기관 예산안을 반영할 때 중요한 것은 주무기관의 지출한도(실링, ceiling) 내에 기관예산이 반영되는 것이다. 지출한도 외로 예산이 편성되면 해당 예산은 확보하기 힘든 예산이라고 생각하면 된다. 기획부서 담당자는 최대한 기관예산이 주무기관 지출한도 내로 편성될 수 있도록 노력해야 한다.

주무기관의 2024년도 예산안이 확정되면 매년 5월 말까지 기획재정부에 제출한다. 기획재정부는 정부안을 마련해 회계연도 시작 120일 전에 국회에 제출해 국회 심의를 받게 된다. 국회는 정부에서 제출한 예산안을 예산회의 종료 30일 전까지 확정해야 한다.

실무적으로 예산업무 절차 중에서 가장 중요한 것은 기획재정부와의 예산 협의 과정이다. 기획재정부는 관련 법령에 따라 정부예산을 편성하고 배분하는 기능을 수행한다. 정부의 정책 방향과 국정목표에 따라 예산배정 우선순위를 정하는데 수많은 정부기관과 공공기관 등이 기관의 예산이 감액 없이 계획안대로 반영되기 위해서 기획재정부 예산실 담당과에 설명과 보고, 설득의 과정을 거친다. 보통 6월에 1차 심의를 진행한다.

1차 심의는 각 기관에서 제출한 예산안에 대해서 타당성과 적절성 등을 심의해 감액 위주의 심의를 진행한다. 2차와 3차 심의는 7월과 8월 초중에 진행하는데 증액과 재심의 사항에 대해서 심의를 다시 진행한다. 대부분의 공공기관 예산은 1차 심의에서 결정된다고 보면 된다. 2차와 3차 심의는 1차 심의에 대한 이의제기 성격이 강하기 때문에 추가로 예산이 증액되기는 현실적으로 어렵다. 그래서 기관 대부분에서 1차 심의에 기관의 모든 역량을 동원해 대응한다.

정부안이 국회 본회에서 의결되면 기관에서는 2024년 예산안 및 사업계획을 기관 이사회에 안건을 상정해 심의·의결하고 주무기관 장관의 승인을 받아 2024년 예산을 집행한다.

국회 예산심의 절차는 정부안이 국회에 보고되고 상임위원회별로 각 부처 예산안이 상정되면 본격적인 심의를 진행한다. 상임위원회별로 있는 예산 소위에서 1차적으로 심의한다. 국회 공무원이 검토한 자료에 대한 보고를 받고 예산 소위 국회의원들이 정부 부처 담당자와 질의응답을 통해 심의를 진행한다. 예산 소위에서 심의·의결된 사항은 상임위원회에 최종적으로 보고되어 심의·의결한다. 상임위원회에서 의결된 예산안은 예산결산특별위원회에 상정되어 최종적으로 검토를 한 후 본회의에서 통과되면 2024년 예산은 확정된다.

공공기관 예산은 전체 정부 예산안 중에 차지하는 비중도 작고 우선순위에서도 밀리기 때문에 국회 심의 과정에서 증액된다는 것은 현실적으로 어렵다. 예산을 증액하기 위해서는 국회의원의 문제 제기에 기획재정부가 동의해야 증액할 수 있다. 이는 국가정책을 이행하는 국가사업에서나 가능하지, 공공기관 예산이 국회에서 증액되는 일은 거의 없다고 보면 된다. 다만, 공공기관에서 추진하는 사업이 정부 정책을 이행하는 중요사업으로 증액될 필요성이 있으면, 극히 드물지만 증액되는 경우도 있다. 이는 기획재정부 동의하에 국회의원(지역 또는 해당 상임위)의 노력이 필요한 것으로 기관 담당자의 노력에 따라 결과를 얻을 수 있는 영역은 아니다.

❝ 실무적으로는 주무기관 예산안에 기관의 예산이 지출한도 내에 편성되는 것이 1차적으로 가장 중요하다. 주무기관 입장에서는 해당 부처예산을 먼저 반영하기 위해서 노력하기 때문에 공공기관 예산은 뒷순위인 경우가 많다. 가급적 기관의 예산이 최대한 지출한도 내에 반영될 수 있도록 노력해야 한다.

주무기관 예산안이 확정되면 가장 중요한 고비인 기획재정부라는 큰 산을 넘어야 한다. 6월에 공식적인 설명 기회가 있으나, 대략 5분에서 15분 안에 기관 전체 예산을 설명하는 것은 현실적으로 어려움이 있다. 핵심적인 사항에 관해서만 설명하는데도 설명 시간이 부족한 것이 사실이다. 그래서 공식적인 설명 외에 기획재정부 예산 담당 공무원에게 추가적인 설명 기회를 만들기 위해 담당자들은 다양한 노력을 기울인다.

하지만 현실적으로 담당 공무원에게 추가적인 설명의 시간을 얻기도 어렵다. 예산 담당 공무원은 해당 기관의 예산만을 관리하는 것이 아니라 한 부처 전체 예산을 관리하기 경우가 대부분이기 때문에 일개 공공기관 예산에 신경을 기울일 시간적 여유가 없다. 담당자는 이러한 여건을 이해하고 어떻게 기관 입장에서 담당 공무원을 이해시킬 수 있을지 고민을 해야 한다. 정답은 없지만 인간적인 노력은 계속해야 한다.

기획재정부 예산 담당 공무원에게 한정된 시간 내에 기관예산을 설명해 담당 공무원을 이해시키는 것은 현실적으로 어렵다. 그래서 담당자는 반드시 예산을 설명하기 위한 요약자료를 만들어야 한다. 설명 우선순위를 정하고 핵심적인 내용만 축약해서 담당 공무원 입장에서 기관예산을 이해할 수 있도록 해야 한다. 그게 핵심이다. 담당 공무원이 기관예산에 대한 이해도가 높아야 궁금증이 생기고 추가적인 자료를 요구할 수 있다. 알아야 요구하는 것이기 때문에 설명 이후에 별도의 자료 요구가 없다는 것은 담당 공무원이 기관예산에 관심이 없거나 제대로 이해하지 못했다는 것이다. 담당자는 이점을 잘 이해하고 능동적으로 대응해야 한다.

예산을 기관 안 대로 확보하기 위해서는 기관장의 노력이 절대적이다. 주무기관 예산에 반영되는 것에서부터 정부안이 확정될 때까지 기관장이 얼마나 예산 확보 필요성을 인지하고 정부 관계자를 만나 설명하고 설득하느냐가 다음 해 기관의 예산 규모가 결정된다. 담당자는 기관장이 직접 움직일 수 있도록 주요 관계자와의 만남을 주선해야 하고 기관장이 설명할 수 있는 자료를 만들어야 한다. 예산 확보 필요성을 논리적으로 작성해 기관장이 설명하기 편하게 하는 것이 담당자의 능력이다. "

〈예산업무 추진 절차〉

중기재정 계획수립	계획수립 및 주무기관 검토	(1월)

⇩

	기획재정부 심의	(2~3월)

단년도 예산편성	요구서 작성	(2~4월)

⇩

	주무기관 심의	(5월)

⇩

	기획재정부 심의(정부안 확정)	(6~8월)

*회계연도 시작 120일 전까지 국회 제출

⇩

	기관 소속 국회 상임위원회 예비 심사	(9~10월)

*제안설명→전문위원 검토보고→소위원회심사
→찬반 토론→의결

⇩

예정처 검토 ⇒	예산결산특별위원회 종합심사	(11월)

*제안설명→전문위원검토보고→종합정책 질의→부별
심사→예산안조정소위원회심사→찬반 토론→의결

⇩

	본회의 심의 · 의결	(11~12월)

*회계연도 시작 30일 전까지 의결

사업계획 및 예산	사업계획 및 예산안 작성	(9월~12월)

⇩

	이사회 상정(심의→의결)	(11월 또는 12월)

⇩

	주무기관 제출(장관 승인)	

*정관 제00조 규정에 따라 매년 12월 15일까지 다음 연도
사업계획서 제출, 회계연도 시작 전까지 장관 승인

2) 예산업무 수행을 위한 관련 용어에 대한 이해가 필요하다.

실무적으로 예산업무를 할 때 예산 관련 용어가 나오는데 용어에 대한 개념을 이해하지 못하면 제대로 된 업무를 수행할 수 없다. 내가 사용하고 있는 용어가 어떤 의미가 있고, 어느 때 사용해야 하는지 이해를 한 상태에서 예산업무를 수행해야 한다. 이 책에서는 가장 기본적인 용어에 대한 정의와 비교를 통해서 예산 관련 용어를 이해하기 쉽게 설명하도록 하겠다.

(1) 출연금

「국가재정법」 및 기관의 설립 근거법에 따라 기관 고유목적 사업 수행 등을 위해 정부로부터 직접 출연받는 금액을 출연금이라 한다. 「국가재정법」 제12조는 "국가는 국가연구개발사업의 수행 및 공공목적을 수행하는 기관의 운영 등 특정한 목적을 달성하기 위하여 법령에 근거가 있는 경우 출연금을 지원"할 수 있도록 규정하고 있다.

(2) 보조금

「보조금 관리에 관한 법률」에 따라 국가 외의 자가 수행하는 사무 또는 사업에 대하여 국가가 이를 조성하거나 재정상의 원조를 위하여 내주는 금액을 보조금이라 한다. 보조금 사업은 주무기관 담당 공무원의 고유사업으로 산하기관 또는 민간기업(비영리 협회·단체)에 위임 또는 위탁하여 지급되는 금액이라고 생각하면 된다.

(3) 출자금

정부가 특정 사업추진을 위하여 재원을 분담하기 위한 목적으로 공공기관에 대해 출자하는 금액을 말한다. 2022년 12월 말 현재 34개 공공기관[13]과 5개 비공공기관[14]이 정부로부터 출자를 받고 있다.(자료: 기획재정부 2023년 5월 26일 보도자료)

❝ 정부 예산으로 기관을 운영하는 공공기관은 대부분 출연금과 보조금을 받는다. 출연금은 기관의 설립 근거법에 출연금을 받을 수 있도록 규정되어 있어야 한다. 「국가재정법」 상 법령상에 지급 근거가 명확해야 지급할 수 있도록 규정한다. 보조금은 대부분 「민법」에 의해 설립한 기관에 지급되거나 중앙부처 담당 공무원 사업을 위탁받아 수행하는 경우가 대부분이다. 다만, 「보조금 관리에 관한 법률」에 따라 출연금을 받는 기관은 보조금을 받을 수 없게 되어 있다. 단서 조항은 있으나 출연금과 보조금을 같이 받는 기관은 많지 않다. ❞

❝ 정부의 출연금으로 기관을 운영하는 출연기관은 정부의 보조사업을 수행하는 것은 원칙적으로 제한한다. 다만, 예외적으로 허용하는 경우가 있는데 「보조금 관리에 관한 법률」 제14조에는 "국가는 출연금을 예산에 계상한 기관에 대하여는 출연금 외에 별도의 보조금을 예산에 계상할 수 없다. 다만, 기획재정부 장관이 사업 수행상 특히 불가피하다고 인정할 때는 그

---

13 · 공기업(20개) : 한국조폐공사, 한국방송광고진흥공사, 대한석탄공사, 한국수자원공사 등
　　· 준정부기관(6개) : 한국자산관리공사, 한국주택금융공사, 한국관광공사, 한국농어촌공사, 한국농수산식품유통공사, 대한무역투자진흥공사
　　· 기타공공기관(8개) : 한국투자공사, 중소기업은행, 한국산업은행, 새만금개발공사 등
14 대한송유공사, 서울신문사, 공항철도주식회사, 한국방송공사, 한국교육방송공사(5개)

러하지 아니한다."라고 규정하고 있다. 단서 조항에는 기획재정부 장관이 특수한 경우에 한해 허용한다고 되어 있는데 특수한 경우는 '2023년도 예산 및 기금운용계획 집행지침'에 나와 있다.

≋ 고유업무 이외의 사업으로 공모방식을 통해 사업자를 선정하는 과정에서 해당 출연기관이 민간 보조사업자로 결정된 경우,
≋ 업무 유관성 및 전문성 등을 감안, 효율적 사업관리 차원에서 보조금을 받아 간접보조사업자에게 재교부하는 경우이다.

공공기관에서 보조금을 받게 되면 중앙부처 담당 공무원의 업무를 위탁받아 수행하는 것이다. 사업의 자율성과 주체성이 없어지고 담당 공무원에 예속되는 문제가 발생할 수 있다. 가급적 출연금을 받는 출연기관은 보조금을 받는 사업을 수행하지 않는 게 적절하지 않을까 생각한다. 출연기관이 보조사업을 수행하면 다른 비영리협회 및 단체 등에서 수행해야 하는 업무를 공공기관에서 수행하는 것이 되기 때문이다. **"**

〈출연금 · 보조금 · 출자금 비교〉

구분	출연금	보조금	출자금
개념	고유목적 사업의 수행을 위해 정부에서 출연하는 금액	국가나 지방자치단체가 특정 공익사업을 지원하기 위하여 반대급부 없이 내주는 금전적 급부	공공사업을 수행하는 법인 등의 주식 또는 출자 증권을 취득하기 위해 지급하는 금전적 부금
법상근거	필요	불필요	필요
지급대상	법령에 지급 근거가 있는 공공기관 및 법정기관 등	사업자 · 사업자단체, 지방자치단체 등	공공기관 및 공익사업 등을 수행하는 법인
구체적 용도	비지정	지정	비지정
사후저리	사후청산 불필요	사후정산 필요 (집행잔액 반환)	사후정산 불필요

(4) 예산전용

기관 내 예산 중 단위사업 간 예산을 변경하여 사용하는 것을 예산전용이라고 말한다. 예산전용에서 중요한 개념은 자체전용이다. 자체전용은 기관 내에서 자체적으로 전용할 수 있는 예산을 말한다. 물건비(200) 내 일반수용비(210-01)에서 임차료(210-07)로 전용하거나, 국외여비(220-02)를 국내여비(220-01)로 전용하는 것은 기관 내 예산전용 절차에 따라 진행할 수 있다.

다만, 인건비가 부족해 경상경비에서 인건비로 예산을 전용하는 것은 자체전용 범위에서 제외되는 사항으로 주무기관 및 기획재정부 협의를 완료하고 이사회 심의 · 의결 이후 주무기관 장관의 승인을 받아야 전용할 수 있다. 인건비는 기획재정부에서 총괄 관리하기 때문에 기관의 임의 판단에 따라 예산을 줄이거나 늘릴 수는 없다. 현실적으로 인건비 증감은 기획재정부의 승인 없인 어렵다.

> **❝** 실무에서 예산전용은 빈번하게 이뤄진다. 예산편성을 보통 전년도 연말에 해서 예산을 집행하는 과정에서 수요예측을 벗어날 경우가 발생하기 때문에 기관 내 자체전용은 주로 하반기에 많이 발생하게 된다. 특히 예산을 집행하고 남은 금액을 모아서 집행률을 높이기 위해 자체전용이 가능한 범위 내에서 모은 예산을 사용하는 예도 있다. **❞**

〈비목별 전용권 위임현황〉

구분	목	자체전용 대상	자체전용제외 (기획재정부 협의)
100 (인건비)	110(인건비)	상호간 자체전용 가능	*타 비목에서 110−02목(기타직보수), 110−03(상용임금), 110−05목(연가보상기)으로의 전용은 자체전용에서 제외
200 (물건비)	210(운영비) 220(여비) 230(특수활동비) 240(업무추진비) 250(직무수행경비) 260(연구용역비)	상호간 자체전용 가능	*타 비목에서 230목, 240목, 250−03목(특정업무경비), 210−12목(복리후생비)로의 전용은 자체전용에서 제외 *주요사업비 내 210−08목(유류비)에서 타 비목으로의 전용은 자체전용에서 제외

※ 「2023년도 예산 및 기금운영계획 집행지침」 내용을 재구성

(5) 예산과목

예산의 내용을 명확하게 하도록 일정한 기준에 의해 예산을 구분하는 것을 말한다. 세입 예산과목은 장, 관, 항, 목으로 구분하고 세출 예산과목은 분야, 부문, 정책사업, 단위사업, 세부사업(편성목, 통계목[15])으로 구분한다. 장(분야)−관(부문)−항(프로그램)은 국회의 의결 없이는 과목 간 변경이 불가능한 입법과목이며, 세항−목은 국회 사전 의결 없이 행정부 재량으로 전용이 가능한 행정과목이다. 공공기관은 단위사업부터 작성해 세부사업과 편성목과 통계목으로 예산을 편성해 운영하고 있다.

---

15 편성목은 인건비(100) 내 인건비(110), 물건비(200) 내 운영비(210), 여비(220)를 말하며, 통계목은 110−01(보수), 110−02(기타직보수), 210−01(일반수용비 등을 말함)

〈공공기관 예산과목 적용 사례〉

(단위: 천원)

단위 사업	세부 사업	목 (편성목)	세목 (통계목)	예산	산출내역
122 기관 운영				0,000,000	
	1221 기관 운영비			0,000,000	
		210 운영비		0,000,000	
			210-01 일반 수용비	000,000	
				00,000	1. 사무용품, 소모품 구입비 00,000,000원×1식=00,000천원 2. 각종 인쇄비 등 (업무보고, 예산, 청렴 홍보 등)
				00,000	00,000,000원×1식=00,000천원 (경평) 00,000천원×1식=00,000천원

(6) 사고 및 명시이월

이월은 세출예산 중 연도 내 미지출액을 다음 연도에 지출하는 것을 말하며 "회계연도 독립의 원칙"(「국가재정법」 제3조)의 예외 조항이다. 이월을 할 수 있는 경우는 사고이월과 명시이월 두 가지 방법이 있다.

명시이월(「국가재정법」제24조)은 세출예산 중 경비의 성질상 당해 회

086 · 공공기관 기획쟁이 따라하기

계연도 내에 그 지출을 끝내지 못할 것으로 예측될 때, 그 취지를 세입세출 예산에 명시하여 미리 국회의 승인을 얻어 다음 연도에 이월하여 사용하는 것을 말한다. 명시이월은 공공기관에서는 거의 사용하지 않고 있다. 국회의 승인을 받으면서까지 다음 해로 사업을 이월시킬 상황이 발생하지는 않는다.

이월과 관련해서 공공기관에서 중요하게 사용하는 것은 사고이월이다. 사고이월(「국가재정법」 제48조)은 세출예산 중 당해연도 내에 지출원인행위를 하고 불가피한 사유[16]로 회계연도 내에 지출하지 못한 경비와 지출하지 아니한 그 부대경비를 다음 연도에 이월하여 사용하는 것을 말한다. 즉 회계연도 내에 원인행위(계약이나 대금 지급을 약정한 행위)를 하였으나, 해당연도에 집행할 수 없어 다음 연도에 이월해 집행하는 것으로 매년 연말에 각 기관에서는 사고이월 사업을 확인하여 이사회 승인을 받고 사고이월 한다.

(7) 불용액과 잉여금

예산을 사용하다 보면 회계연도에 집행을 완료하지 못하고 남는 금액이 발생하는데 이를 불용액(不用額)이라고 한다. 불용액은 세출예산에 편성된 금액보다 집행액이 적은 경우, 그 차액을 말한다. 불용액은 반납을 원칙으로 하고 있다. 다만, 출연금은 반납하지 않고 각 기관의

---

16 ① 지출원인행위를 위하여 입찰 공고를 한 경비 중 입찰 공고 후 지출원인행위까지 장기간이 필요한 경우로서 대통령령(국가재정법 시행령)이 정하는 경비
② 공익사업이 시행에 필요한 손실보상비로서 대통령령(국가재정법 시행령)이 정하는 경비
③ 경상적 경비 이월 및 계속비 이월

규정에 따라 부채 탕감이나 다음 연도 사업비 등으로 편성해 사용한다.

잉여금은 회계연도의 세입액에서 세출액을 차감한 잔액을 말한다. 발생 원인을 보면 다음과 같다.

≋ 1) 세입예산을 초과하여 수납된 세입액(즉 조세 등의 예산에 계획되지 않고 예산외에 수납된 수입액),

≋ 2) 세출예산 중 지출되지 않은 것 즉 다음 연도 이월액과 불용액

잉여금은 해당 기관이 사용할 수 있는 여유재원으로 주무기관과 기획재정부 보고 이후 각 기관의 내규상에 규정되어 있는 잉여금 처리 기준에 따라 예산에 편성하고 집행하면 된다.

〈결산잉여금 예산편성 절차 사례〉

2022년(Y년)	2023년(Y년+1)	2024년(Y+2)
· 예산집행	· 2022년 결산잉여금 확정 · 2024년 예산 반영	· 2024년 예산집행

* 2022년 집행예산을 2023년에 추가편성 해 집행할 수도 있는데 주무기관과 기획재정부와 협의 후 이사회 심의·의결을 받아야 한다. 해당 절차는 기관마다 다를 수 있어 내규에 정해진 절차에 따라 진행하면 된다.

❝ 민법에 따라 설립된 공공기관은 보조금 등을 받아 기관은 운영하는데 불용액이 발생하면 주무기관에 불용액을 반납한다. 그러나 정부로부터 출연금을 받는 기관은 예산을 집행하고 남은 불용액은 다음 연도 사업 예산에 반영해 사용하게 되는데 이를 결산잉여금[17]이라고 한다. 출연금은 현행 법상 불용 시 반납할 수 있는 법적 근거가 없어, 해당 기관의 법령 또는 정관에 따라 기관 대부분이 다음 연도 예산에 반영해 부채 상환에 우선적으로 사용하거나 고유목적 사업수행을 위해 다음 연도 예산에 편성해 사용한다. **❞**

❝ 출연금을 받는 기관은 출연금을 집행하고 남은 잔액과 초과 수입금의 발생 등으로 매년 결산잉여금이 발생한다. 결산잉여금은 집행연도(Y) 다음 해에 결산을 통해 확정하는데 확정된 시기는 다음 해(Y+1) 8월 국회에서 결산 심의가 완료되어야 확정된다. 하지만 기관에서는 다음 해(Y+1) 2월 회계 결산을 통해 전년도 예산의 결산잉여금 규모를 확인할 수 있다. 확인된 결산잉여금은 다음 해 예산편성에 반영하고 기획재정부의 예산심의를 받아야 한다. 결산잉여금을 다음 연도 예산편성에 미반영할 때는 결산잉여금 규모가 커져 기관 입장에서는 처리하기 어려운 상황에 부닥칠 수도 있다. 이런 점을 담당자는 숙지하고 결산잉여금을 언제 어느 시점의 예산에 편성해 집행할지를 주무기관과 기획재정부에 보고하고 협의한 다음 예산에 반영하는 것이 좋다. **❞**

---

17 공공기관 결산잉여금 = (총수입−총지출) − (이월, 보조금 반납분 등)

나. 실무업무

예산실무는 크게 3단계로 구분해 업무를 수행할 수 있다. ① **예산의 편성과 확정, ② 예산의 집행, ③ 예산의 결산**이다. 기관의 예산규모와 인력 분포 등에 따라 예산실무를 부서별로 나눠 수행하는 기관도 있고, 한 부서에서 예산만을 전담해 관리하는 기관도 있다. 기관에 따라 달라서 일반화해 정하기는 어렵다. 예산부서가 별도로 조직된 규모가 큰 기관에서는 3단계의 업무를 모두 관리하지만 그렇지 않은 기관(특히 기타공공기관)에서는 직무를 분담해 수행하고 있다. 예산의 편성과 확정은 기획부서에서 담당하고, 집행과 결산은 회계부서에서 수행하는 방식으로 직무를 구분한다. 예산회계부서에서 예산의 편성과 확정에서부터 집행 및 결산까지의 모든 직무를 수행하는 것이 효율적일 수 있다. 다만, 규모가 작은 기관에서 예산의 모든 업무를 수행하기에는 인력과 역량, 직무의 연관성[18]이 약해 직무 연관성이 높은 부분만 구분해 업무를 수행하는 것이 일반적이다. 이 책에서는 예산편성 및 확정에 관한 예산 실무를 중심으로 설명하도록 하겠다.

---

18   회계부서는 자금의 집행을 담당하는 부서로 집행 내역과 현황자료를 모두 가지고 있어 예산의 집행과 집행한 결과에 따른 결산을 진행하는 것이 업무의 연관성 측면에서는 효율적이다. 기획부서는 예산의 집행 내역에 대한 정보와 직접적인 관련이 없어 기관 대부분에서는 기획부서는 편성과 확정, 회계부서에서는 집행과 결산을 구분해서 업무를 수행한다.

1) 예산편성 및 확정

(1) 중기재정계획

예산실무는 중기재정계획부터 시작이다. 중기재정계획은 5년을 기준으로 작성하며 중기재정을 바탕으로 단년도 예산안을 수립한다. 중기재정계획은 「국가재정법」 제7조[19]에 근거한 국가재정운용계획에 따라 수립하게 된다. 중기재정계획을 수립하는 이유는 명확하다. 자원의 효율적 배분을 위해서다. 사업의 우선순위에 따라 사업을 계획적으로 추진하고, 단년도 예산편성과 중기계획의 연계성을 강화하기 위함이다.

중기재정계획은 매년 1월 말까지 주무기관 안을 기획재정부에 제출하는데 공공기관에서는 1월 중순까지 주무기관에 제출해야 한다. 이 과정에서 주무기관에 제출하기 전 설명을 하고 수정·보완을 거쳐 기관의 중기재정계획을 제출하면 된다. 실무적으로는 다음 연도 예산이 최종적으로 확정된 이후 바로 중기재정계획 수립 작업에 시작한다. 보통 이사회를 통해서 '다음 연도 예산안과 사업계획'이 확정되면 12월 중부터 중기재정작업을 시작한다. 매년 하는 작업이기 때문에 5개년간 사업의 확대와 수요를 예측해 사업 물량을 고려해 인건비와 경상경비, 사업비를 구분해 작성하게 된다. 중기사업계획서는 정해진 양식이 있다. 사업개요와 변동내역 및 변동요인, 예산의 산출근거, 고려사항

---

19 제7조(국가재정운영계획의 수립 등) ① 정부는 재정운용의 효율화와 건전화를 위하여 매년 낭해 회계연도부터 5회계연도 이상의 기간에 대한 재정운용계획(이하"국가재정운용계획"이라 한다)을 수립하여 회계연도 시작 120일 전까지 국회에 제출하여야 한다.

등을 반영하고 세부적으로 계속사업과 신규사업에 대한 설명자료를 포함한다.

> **66** 현시점을 기준으로 5년간의 예산을 예측해 작성하는 것은 쉬운 일이 아니다. 5년간 무슨 일이 있을지 아무도 모르고 사업의 우선순위는 기관장과 보직자들의 주관적 관점에 따라 다를 수 있기 때문이다. 그래서 실무에서는 현시점을 기준으로 향후 5년 동안 기관에서 중점적으로 추진하고 싶은 업무를 나열하는 수준에서 작성할 수밖에 없다. **99**

〈중기재정계획 작성 양식〉

① 한국공공기관관리원 운영(재량)

■ 사업개요

구 분	내용
국정과제	해당없음
사업내용	공공기관의 효율적 관리를 위한 사업 추진
사업기간	(한국공공기관관리원 운영) '23～계속 (한국공공기관관리원 시설증설) '24～'27
총사업비	해당 없음
사업규모	(시설증설) 기관 건물 신축 1식(연면적 15,000㎡), 교육연구원 신축 1식(연면적 40,000㎡)
지원조건	(한국공공기관관리원 운영) 출연(100%) (한국공공기관관리원 시설증설) 국비(100%)
사업시행주체	(한국공공기관관리원 운영) 한국공공기관관리원 (한국공공기관관리원 시설증설) 한국공공기관관리원

■ 의무지출 사업 중장기 전망(의무지출 사업만 작성) : 해당없음
■ 변동내역 및 변동요인

〈한국공공기관관리원 운영사업 지출변동 내역〉

(단위 : 백만원)

구 분	'22결산	'23예산	'24	'25	'26	'27	연평균 증가율
'22~'26계획 (증가율)	00,000	00,000 (0.0)	00,000 (0.0)	00,000 (0.0)	00,000 (0.0)		
'23~'27요구 (증가율)		00,000	00,000 (00.0)	00,000 (00.0)	00,000 (△00.0)	00,000 (0.0)	(00.0)

■ 산출근거

(단위 : 백만원)

년도	금 액		산 출 근 거
'23*	'22~'26(당초)	00,00	
	'23~'27(요구)	00,000	
'24	'22~'26(당초)	00,000	
	'23~'27(요구)	00,000	
'25	'22~'26(당초)	00,000	
	'23~'27(요구)	00,000	
'26	'22~'26(당초)	00,000	
	'23~'27(요구)	00,000	
'27	'23~'27(요구)	00,000	

■ 고려사항

• 최근 3년간('20~'22년) 이·전용, 이월·불용실적

(단위 : 백만원)

년 도	당초예산 (A)	전년이월 (B)	이·전용 (C)	예산현액 (A+B+C)	집행	차년이월	불용
'20							
'21							
'22							

• 외부기관 지적사항 및 평가결과 : 해당사항 없음
• 외부기관 지적사항 및 평가결과 반영 내용 : 해당사항 없음
• 외국 및 민간의 사례 (※간단히 요약)
• 지자체 매칭 신규사업에 대한 지자체 의견 : 해당사항 없음

중기('23~'27년)사업 예산 총괄표

(단위 : 백만원)

구 분	'23 (A)	'24(안) (B)	증감 내역 (C=B-A)	'25	'26	'27
ㅁ 한국공공기관관리원 운영	00,000	00,000	00,000	00,000	00,000	00,000
ㅁ 한국공공기관관리원 운영	00,000	00,000	0,000	00,000	00,000	00,000
ㅇ 인건비	0,000	0,000	000	0,000	0,000	00,000
ㅇ 기관운영비	0,000	0,000	△000	0,000	0,000	0,000
ㅇ 사업비	00,000	00,000	00,000	00,000	00,000	00,000
– 00000사업	0,000	0,000	000	0,000	0,000	0,000
– 00000사업	0,000	0,000	00	0,000	0,000	0,000
– 00000사업	0,000	0,000	00	0,000	0,000	0,000
– 00000사업	0,000	0,000	00	0,000	0,000	0,000
– 00000사업	0,000	0,000	00	0,000	0,000	0,000
– 00000사업	000	000	00	000	000	000
ㅁ 한국공공기관관리원 시설증설	–	0,000	0,000			
– 기관 건물 신축	–	0,000	0,000	00,0000	00,000	–
– 교육연수원 신축	–	–	–	0,000	00,000	00,000

※ 이하 사업별 계속사업과 신규사업의 세부사업설명자료 붙임

(2) 단년도 예산안

예산실무의 핵심은 단년도 예산안을 편성하고 확정하는 것이다. 중기재정계획이 완료되면 다음 연도 예산안 작성을 진행하는데 기획부서 담당자는 예산을 어떻게 편성해야 하는지 가이드라인을 각 부서에 알리고 일정한 양식에 따라 주무 부처나 기획재정부를 설득할 수 있는 설명자료를 만들어야 한다.

담당자는 우선 예산편성계획을 수립해야 한다. 기관 경영 여건을 분석하고 예산편성 방향과 방안, 예산편성의 우선순위 등을 계획에 반영하고 이 계획을 바탕으로 가이드라인을 수립해 각 부서에 알려 각 부서의 사업예산을 만들 수 있게 해야 한다.

예산과 관련해서 정부에 제출하는 양식은 통일되어 있다. 기관마다 다르면 심의를 할 수 없으므로 모든 기관에 공통으로 적용되는 양식이 있다. 그 양식에 따라 예산안을 작성하는데 통일된 양식으로는 충분한 설명을 할 수 없으므로 추가로 보완자료인 사업별 설명자료를 만든다. 설명자료에는 왜 이런 사업을 해야 하는지 타 기관이나 다른 나라 사례, 보도자료 등을 근거로 설득할 수 있는 논리를 최대한 만들어 설명자료를 만들게 된다. 주무기관이나 기획재정부 설명 과정에서 담당 공무원이 추가자료를 요청하는 경우가 있다. 그럴 때는 요청한 사항에 대해서 한 장 이내로 핵심적인 사항만 요약해 설명할 수 있어야 한다. 요약자료를 만들 때 담당자의 업무역량을 확인할 수 있다.

예산안의 업무절차는 앞에서 언급했기 때문에 별도로 설명하지는 않겠다. 다만, 예산안 작업에서 담당자가 놓치면 안 되는 것은 시기와 설득 논리 개발 그리고 신속한 대응이다. 기획재정부 담당 공무원은 해당 기관만을 담당하지 않고 부처급 예산을 관리한다. 담당 공무원이 기관에 요구자료가 있다는 것은 기관예산에 관심이 있다는 것과 같다. 담당자는 담당 공무원의 요구사항에 즉각적으로 대처할 수 있도록 예산 시기에는 관련 자료를 항상 가지고 다니면서 어느 장소에서도 즉각적인 대응이 가능하도록 조치해야 한다.

정부 예산안이 확정된 후 국회에 제출되면 공공기관 입장에서는 예산안 관련해서는 국회의 요구에 따라 설명할 기회가 있다. 다만, 큰 쟁점 기관이 아닌 이상에는 별도의 설명은 하지 않고 예산 관련 질의에 대해 성실한 답변만 하면 된다. 그리고 국회의 진행 과정에서 있을 수 있는 사항에 대해서 주시하며 최종 예산이 국회 본회의에서 확정될 때까지 기다리며 대응하면 된다.

실무적으로는 정부안이 국회에 제출되면 바로 정부안을 기준으로 실행예산과 사업계획을 작성하게 된다. 그래야 정부안이 국회에서 최종적으로 확정되면 바로 이사회를 개최하여 다음 연도 예산안 및 사업계획을 안건을 상정할 수 있기 때문이다. 예산을 기준으로 하는 사업계획은 예산을 사용하기 위한 계획으로 연초에 수립하는 업무계획과는 양식이나 내용에 차이가 있다. 사업계획에는 확보한 예산을 단위 사업별로 어떻게 사용할 것인지를 작성한다. 한 예로 A사업의 예산 100억을 사용하는데 연구용역 3건에 10억, 사업관리에 1억, 기획전시 5건에 10억 등으로 사용 금액과 내역, 필요성 등을 반영한다.

이사회에서 '다음 연도 예산안과 사업계획'[20]이 심의 · 의결되고 주무 기관 장관의 승인을 얻으면 담당자는 '다음 연도 예산안과 사업계획'을 책자로 제작해 모든 구성원이 사용할 수 있도록 나누어 준다.

20　예산안 및 사업계획에는 다음 연도 예산총괄표(전년도 대비 증감 및 사업 주요 내용)를 시작으로 사업별 계획과 예산, 예산총칙, 추정 재무상태표 및 손익계산서 그리고 각목명세서 를 반영한다. 해당 내용을 각 기관의 내규에 포함해야 할 내용을 명시하기 때문에 기관의 관 련 규정을 확인하면 된다.

〈단위 사업별 사업계획 작성 사례〉

| 1 |　○○기획 · 운영

■ 예산안
(단위 : 백만원)

사 업 명	2023년 예산 (A)	2024년 요구안 (B)	증감 (B-A)	%
□ ○○기획 · 운영	0,000	0,000	000	00.0

■ 추진근거
- 「○○○○○○법」 제5조(○○○○○)
- 「○○○○○○법」 제13조(○○○○○)
- 「국정과제 ○○」 ○○○○○○ 보존 및 가치 제고
- 「신성장 4.0 전략」 스마트 ○○○

■ 사업목적
- (다채로운 ○○콘텐츠로 보완) ○○○○○○○○○○○○○○○○ ○○○○○○○○○○○
- (생동하는 스마트 ○○○ 구현) ○○○○○○○○○○○○○○ ○○○○○○○○○○

■ 사업내용
- (세부사업 ①_기획 및 협력○○) 기관 수요(관람객)의 지속성을 확보하고, ○○전문 기관으로서 인지도 확대를 위한 ○○ 개최
- (필요성) 기관 고유성을 부각할 수 있는 차별화된 ○○ 확대로 ○○ 가치를 확산할 수 있는 콘텐츠 개발 및 ○○기능 강화
- (내 용) ○○○○○○를 주제로 ○○ 및 ○○ 개최

구분	주제	내용	소요예산
1회차	- XXXXX	- XXXXX	200백만원
2회차	- XXXXX	- XXXXX	200백만원
3회차	- XXXXX	- XXXXX	200백만원

- (세부사업 ②_○○○○ 콘텐츠 보강) 소장○○을 활용한 꽌람객 친화형 ○○○ 콘텐츠 개발 및 운영
  - (필요성) [국정과제-○○]에 따라 ○○○ 및 ○○○○ 가치 조명 및 관람객 눈높이에 맞춘 콘텐츠 확보
  - (내 용) ○○○○○○를 주제로 ○○○○○ 보강

구분	내용	소요예산
개발	- XXXXXXXXXXXXXXXXXXX	30백만원
운영	- XXXXXXXXXXXXXXXXXXX	20백만원

기관명	내용	예산('23)
○○○	- XXXXXXXXXXXXXXXXXXXXX	40백만원
○○○	- XXXXXXXXXXXXXXXXXXXXX	60백만원

- **기대효과**
  - 주기적인 ○○ 및 ○○ 개최로 기관 방문율 제고
  - 대국민 ○○○○○○ 향유 기회 확대

- **산출내역**   (단위 : 백만원)

사업명	'23년 예산(A)	'24년 요구안(B)	증감 (B-A)	증감 사유
□ ○○기획·운영	1,000	1,300	300	
① 기획 및 협력○○	○○○ 400 (200X2회)	○○○ 600 (200X3회)	200	
② ○○○○ 콘텐츠 보강	('24신규)	○○○ 제작 30 ○○○ 운영비 20	50	
③ …				

2) 예산집행 및 결산

예산집행과 결산은 회계부서에서 주로 담당하기 때문에 이 책에서는 자세하게 설명하지는 않겠다. 다만, 예산집행에서 중요한 자체전용에 대해서 간단하게 설명하겠다.

자체전용은 기관장의 결재로 예산을 전용해 사용하는 것을 말한다. 사업을 하다 보면 최초 편성한 예산에 변동을 줘야 하는 경우가 발생한다. 이럴 때 같은 비목 내에서 자체전용을 해 예산을 집행하게 된다. 자체전용 절차는 기관마다 다르긴 하지만 일반적으로 사업담당 부서에서 부서 예산을 전용할 때에는 부서예산 전용계획을 수립하여 기관장에게 결재를 득한 후 예산편성 권한이 있을 기획부서에 공문으로 전용 요청을 하면 된다. 기획부서는 결재받은 문서를 근거로 내부 결재(기획부서 업무 총괄, 실장급)를 받은 후 예산배정을 그룹웨어 시스템상(기관 내 전산시스템)에서 재배정하면 자체전용 절차는 마무리된다.

기관마다 전용 절차에 차이는 있으나 부서에서 자체전용할 때 기획부서 부서장(부장 또는 팀장급)에 협조받게 된다. 기관예산을 총괄 관리하는 부서의 장에게 전용 사유와 전용액을 사전에 협의하는 절차를 거쳐 차후에 발생할 수도 있는 업무 착오를 예방하는 목적이다.

❝ 기관에서 자체전용을 할 수 있는 범위는 기획재정부에서 매년 하달하는 「예산 및 기금운용계획 집행지침」에 자세하게 나와 있다. 이 지침의 기준에

따라 모든 공공기관은 예산의 자체전용을 실시하고 있으며 정부에서 허가하지 않은 예산을 전용했을 때는 기관 차원의 문제가 발생할 수 있어서 담당자는 자체전용 허용범위를 명확하게 숙지하고 업무를 해야 한다. 사업부서 담당자들은 자체전용 범위를 잘 모를 수 있어서 부서 예산의 자체전용 협조 시 이와 같은 사항을 기획부서에서 확인해 사업부서에 알려줘야 사후 발생할 수 있는 문제를 예방할 수 있다. **"**

예산을 집행할 때 내부 구성원이 참고해서 보는 자료가 각목명세서이다. '단년도 예산안 및 사업계획'을 이사회 심의의결 및 주무기관 장관의 승인을 받은 후 기획부서 담당자는 책자로 제작해 각 부서 담당자에게 나누어 주는데 이 자료에는 각목명세서 내용이 포함되어 있다. 각목명세서는 예산을 명확하게 사용하기 위해 구분한 자료로 예산과목에 따른 예산액과 경비의 내용, 산출근거 등을 표시하여 예산의 내용을 상세하게 알 수 있는 기본자료이다. 각목명세서는 사업담당부서에서 작성하는 것이 원칙이다. 인건비는 보수담당 부서에서 작성하고, 경상경비(기관운영비)는 총무담당 부서, 사업비는 각 사업부서별 소관 예산의 각목예산서를 작성한다.

각목명세서는 정부의 '예산안편성 및 기금운용계획안 작성 세부지침'[21]을 근거로 작성하는데 크게 인건비(100), 물건비(200), 이전지출

---

21 정부의 지침에는 비목별 정의와 적용범위, 세부사용지침을 명시적으로 명확하게 설명하고 있다. 공공기관은 정부의 지침에 근거하여 각목명세서를 작성하고 적용범위와 목적에 맞게 예산을 편성에 집행하고 있다. 예산의 신축노 싱부시심에 따라 신행하는데 자체전용의 허용범위도 해당 지침에 있다.

(300), 자산취득 및 운영(400), 상황지출(500), 전출금 등(600), 예비비 및 기타(700)로 구분하고 25개의 비목으로 구성되어 있다. 정부예산은 일정한 코드번호를 부여해 각 관·항·목을 쉽게 구별할 수 있도록 하고 있는데 실무적으로는 비목별 코드는 인지하고 있는 게 좋다.

〈사업부서 예산 자체전용안 사례〉

20○○년 사업비 실행예산 자체전용 계획

■ 전용 요구액 : 0,000천원
- 연구개발사업–운영비–임차료(11○○–210–07) ⇒ 연구개발사업–여비–국내여비(11○○–220–01)

■ 전용 사유
- 5개의 연구 단위사업 추진을 위해 국내여비 증액 필요
* 예산편성 당시 3개의 연구 단위사업 추진을 계획했으나, 2개의 단위사업이 추가됨에 따라 연구사업이 확대됨

■ 전용 재원
- 운영비 內 임차료(210–07) 절감액(0,000천원)을 전용 재원으로 활용

■ 전용명세서

(단위 : 천원)

예산과목	예산현액	전 용		전용 후 예산현액	비 고
		증	감		
전용 증·감 합계	−	0,000	△0,000	−	
전용 감액 계	−	−	△0,000	−	
11○○ 연구사업	−	−	−	−	
210−07(임차료)	00,000	−	△0,000	00,000	
전용 증액 계	−	0,000	−	−	
11○○ 연구사업	−	−	−	−	
220−01(국내여비)	0,000	0,000	−	00,000	단위사업 추진을 위해 국내여비 증액

■ 각목 명세서

(단위 : 천원)

조정 전			조정 후		
세목	산출내역		세목	산출내역	
운영비(11○○−210)					
210−07	00,000	* 임차료	210−07	00,000	* 임차료
	0000	1.연구사업을 위한 차량임차 0백만원×1식=0,000		0,000	1.연구사업을 위한 차량임차 0,000천원×1식=0,000
	00,000	2.연구물품 대여비 00백만원×1식=00,000		00,000	2.연구물품 대여비 00백만원×1식=00,000
여비(11○○−220)					
220−01	0,000	* 국내여비	220−01	00,000	* 국내여비
	0,000	1.타 기관사례·자료조사 등 000천원×0인×00회 = 0,000천원		00,000	1.타 기관사례·자료조사 등 000천원×0인×00회 = 00,000천원

03
조직 및 정원관리

조직 및 정원관리 업무의 핵심은
① '조직을 어떻게 하면 효율적으로 운영할 수 있도록 만들 것인가?',
② '정원을 무슨 방법으로 확대하느냐'이다.

조직의 특징은 한번 설립하면 조직의 설립목적을 달성해도 절대 사라지지 않는다는 것이다. 조직의 존속을 위해 새로운 일거리를 찾으며 변화해 간다. 공공기관도 조직이기 때문에 공공기관 고유의 목적을 달성하거나 시대의 흐름에 따라 기능을 상실해도 조직을 보호하기 위해 다른 목적을 찾아 기관이 지속될 수 있는 논리를 개발한다.

조직 담당자는 기관이 존속할 수 있는 타당한 근거를 제시하고 어떻게 하면 조직을 확대·발전시킬 수 있을까를 고민하는 중요한 자리이다. 단순하게 조직도를 설계하고 인력을 배분하는 일에서 벗어나 장기적인 관점에서 기관의 생존을 고민하고 조직을 확장 시킬 수 있는 미래 먹거리를 찾는 것이 조직 담당자의 최우선 과제이다.

| 조 직 관 리 |

가. 개념설명

사람이 모여있는 집단 또는 조직에서는 구성원을 어떻게 배치할 것인가를 고민한다. 조직의 최고 의사결정권자를 정점으로 업무를 가장 효율적이고 효과적으로 수행할 수 있도록 조직설계를 한다. 공공기관도 같다. 어떻게 하면 업무를 성과 있고 효율적으로 운영할 수 있을까를 고민하며 조직관리를 한다. 모든 공공기관은 「직제규정」이란 내규를 가지고 있다. 「직제규정」에는 기관의 업무를 수행할 수 있는 조직이 구성되는데 직급체계와 정원, 부서별 임무와 인력 배치 등을 포함한다.

조직구성을 어떻게 하느냐는 기관뿐만 아니라 내부 구성원에게도 중요한 일이다. 내가 어느 부서에서 어떤 업무를 할지가 결정되기 때문이다. 인사부서는 기획부서에서 구성한 조직에 따라 인력을 배치하는 업무를 수행하지만 기획부서는 조직을 설계하는 업무를 한다. 「직제규정」에서는 상임이사가 관리 · 운영하는 부문까지만 그 역할을 구분하고 기관의 정원표 정도만 간략하게 명시한다. 「직제규정」은 이사회 심의 · 의결을 받는 주요 규정이다. 개정 필요가 발생하면 이사회 안건으로 상정되어야 하므로 규정상에는 기본적인 사항만 반영하고, 세부적인 사항은 「직제규정시행세칙」에서 다룬다. 「직제규정시행세칙」은 기관의 최소 부서 단위까지의 정원과 역할을 부여하다

❝ 조직관리는 조직변화에 능동적으로 대응해야 하는 업무이다. 개인과 조직의 반발을 극복하고 그에 대한 대안을 제시하는 것이 담당자의 역할이다. 조직을 변화시킬 때 내·외부의 저항이 강하다. 그것은 당연하다. 변화가 가져올 미래에 대한 두려움이 있기 때문이다. 불확실성·사회적 관계의 위협·새로운 지식과 기술을 학습해야 하는 부담 등이 개개인이 조직변화에 저항하는 원인이 아닐까 생각한다.

조직의 저항도 있을 수 있는데 기존의 관습을 지키려고 하는 구조적 관성, 현재를 유지하고 싶은 기득권, 과거 변화 노력의 실패 경험 등이 이에 해당할 수 있다. 조직관리 담당자는 이러한 개인과 조직의 우려와 저항을 원활한 소통과 비전 제시, 명확한 미래상 정립 등을 통해서 내부 구성원을 안심시키는 능력도 있어야 한다. **❞**

조직에서는 직급체계와 부서 단위·명칭이 중요하다.

1) 직급체계

직급은 일의 권한이나 업무, 역할에 따라 분류하는 등급으로 공공기관에서는 다양한 형태로 직급을 분류하고 있다. 가령 1급에서 6급까지 6직급 체계로 운영하기도 하고, 수석―책임―선임―전임―원급의 5직급 체계로 운영하는 기관도 많이 있다. 기관의 유형과 사업 특성에 따라 많은 차이가 있다. 직급체계는 내부 구성원의 승진 및 보수와 직결되기 때문에 조직문화 형성과 동기부여 측면에서 중요하다. 직급체계는 한번 설계하면 변경하거나 개선하기는 어렵다.

내부 구성원 간 이해득실 문제가 발생하기 때문에 직급체계를 설계할 때 신중을 기해야 한다.

> **❝** 직급체계를 변경하기 어려운 이유는 내부 구성원 간의 이해관계 때문이다. 직급체계가 변경되면 이득과 손해를 보는 구성원이 발생하기 때문에 내부 혼란이 발생한다. 직급을 줄이게 되면 기존 3급과 4급이 동일 직급이 되고 직급을 확대하면 기존 선임급이 3급과 4급으로 분리되는 현상이 자연스럽게 발생한다. 이는 내부 구성원 간 반목의 시작이 될 수 있다. 직급체계 변경을 통해 얻을 수 있는 효과보다, 내부 구성원 간의 분란이 조직 안정화 측면에서는 안 좋은 영향을 미치기 때문에 직급체계를 확대하거나 축소하는 등의 직급체계 변경은 신중할 필요가 있다. **❞**

> **❝** 최근의 직급체계 추세는 단계를 축소하는 경향이 강하다. 일반 대기업들도 6등급 이상인 직급체계를 4단계 또는 3단계로 축소하여 신속한 의사결정을 통해 원활한 업무추진에 방점을 두고 있다. 공공기관도 이런 흐름에 따라 최근 설립된 공공기관은 4직급 체계(수석-책임-선임-원급)나 5직급(1급-2급-3급-4급-5급) 체계를 선호하는 경향이 있다. **❞**

직급체계와 연동되는 것이 호칭이다. 어떻게 그 사람을 부를 것인가는 조직 내에서 중요한 일이다. 공공기관은 관료제[22]적 성격이 강하기

22　공공기관은 위계질서가 있고 법령과 내규에 따라 업무를 수행하는 체계를 가지고 있어서 수평적 조직문화가 만들어지기는 어려운 구조적 한계가 있다. 이를 보완하기 위해서 인권경영, 윤리 및 청렴의식 고취, 일과 가정양립을 위한 정책 등을 통해서 일하기 좋은 근무여건 조성하기 위해 노력하고 있다.

때문에 '나를 남이 어떻게 부르냐'에 따라 나의 조직 내 위치(권한과 책임의 범위)가 결정되고 대외활동에서의 인지도가 달라질 수 있다. 대외활동이나 대민 접촉이 많은 업무 담당자 입장에서는 호칭에 민감할 수 있다.

최근 민간기업에서는 기존에 사용하는 '대리', '과장', '차장', '부장'을 '매니저' 또는 '님', 영어로 표현된 단위 등의 호칭으로 변경해 사용하고 있으나, 공공기관에서는 아직까지 전통적인 호칭체계를 유지하고 있다. 호칭이라는 것은 내가 듣기 좋은 것도 있지만 나를 불러주는 사람이 호칭을 통해서 그 사람이 가지고 있는 업무의 책임 범위와 권한 등을 인지할 수 있어야 한다. 공공기관에서는 이러한 이유로 전통적인 호칭체계를 유지하는 경향이 강하다.

> **❝** 호칭은 사회생활을 하는 직장인에게는 중요하다. 호칭체계는 나의 사회적 위치와 역할을 제삼자에게 알려주는 것과 같기 때문에 사회통념 상 모두가 인지할 수 있는 익숙한 호칭을 사용하는 것이 좋다. 위계가 있고 관료제적 성격이 강한 공공기관에서는 호칭을 단순화하거나 직급체계와 연동해 부르는 일은 조직을 바라보는 관점에서는 좋은 결정은 아니라고 생각한다. 한순간의 잘못된 결정에 따라 조직문화가 한순간에 무너지는 우를 범할 수 있다. **❞**

한국공공기관관리원 호칭체계 개선(안)

■ 개요
  • 보직자를 제외한 나머지 직급에 대한 적절한 호칭이 없어, '~선생', '~씨', '~님'이라고 함
  • 대내외적 업무수행과 직급 간 위계를 확립하기 위해 직급별 호칭체계 마련 필요

■ 적용방안
  • (부여방법) 보직자와 비보직자로 구분하여 타 기관 사례를 참고해 공공기관에서 적용하는 호칭체계 도입
  • (적용안) 보직자는 현 직책을 호칭(실장·부장/팀장)으로 사용
  – 비보직자는 선임급은 경력에 따라 차장(경력 10년차 이상)·과장(경력 10년차 미만), 원급은 계장으로 호칭 적용

【타기관 사례 비교】

구분	1급	2급	3급	4급	5급	6급	7급
한국○○○	처장	부장	차장	과장	대리	사원	–
국제○○○	처장		부장	차장	과장	대리	사원
한국○○○	실장	부장	차장/과장	계장	–	–	–
국립○○○	처장	부장/소장	과장		계장	주임	
국립○○○	실장	부장	차장	과장	계장	주임	사원

■ 적용시점 : 2000년 1월 1일부

■ 후속조치
  • 호칭체계 확정 시, 공지 및 개인별 명함 일괄 제작

※붙임: 1. 개인별 호칭 현황 1부.
    2. 타 기관 직급별 호칭체계 현황 1부. 끝.

2) 부서 단위 및 명칭

부서단위와 부서명칭은 부서 업무의 성격을 나타내는 중요한 요소이다. 기관에 부서 단위를 정하고, 부서명칭을 결정하는 것은 해당 부서가 어떤 업무를 수행할 것이며 조직 내에서 어느 정도의 위치에 있는지를 외부에서 알 수 있도록 하는 작업이다. 일반적으로 공공기관에서 사용하는 부서단위는 '본부−실−부' 체계가 많다. 공기업과 같은 대규모 조직에서는 기본적인 부서단위는 유지하면서 '처'나 '단', '센터' 등의 조직을 만들어 운영하기도 한다.

실무를 하다 보면 2급 또는 책임급 이상을 최소단위 부서장으로 보직하는데 '부' 또는 '팀' 단위가 공공기관에서는 최소단위의 부서라고 생각하면 된다. 공공기관에서는 공무원 조직과 혼선을 피하기 위해서 '과'나 '국' 단위의 부서조직은 지양하고 있다.

❝ 조직업무를 담당하면서 조직을 개편하고자 할 때 부서 단위를 어떻게 하는 것이 좋을까 많은 고민을 했다. 이왕이면 직급을 상향하는 것이 대외적인 업무 수행에 도움이 될 수 있고 부서 단위를 높여서 외부에서 바라볼 때 좀 더 우위적인 위치에서 업무를 수행할 수 있을 것으로 생각도 했었다. 그래서 부서 단위에 대한 자료를 많이 찾아봤는데 어느 부서 단위가 상위인지에 대한 개념 정립이 안 되어 있다는 것을 알았다. 기업이나 공공기관

등에서 「정부조직법」[23]에 따라 부서 단위를 관념적으로 사용했을 뿐이다. '실' 단위가 '부' 단위보다 높고[24], '실'과 '처' 또는 '단'[25]은 비슷하지만 그래도 '실'이 우선한다든가, '본부'는 총괄하는 것과 같은 이미지 때문에 '실'보다는 위라고 생각하는 일반적인 고정관념 속에서 부서 단위의 서열이 나눠지지 않았나 생각된다. 그래서 스스로 내린 결론은 부서 단위의 높고 낮음은 큰 의미가 없으며 사회통념 상 많이 사용하는 부서 단위를 순서대로 사용하는 것이 가장 좋다는 결론을 얻었다. **"**

" 공공기관 조직을 보면 '팀'단위 부서가 많이 있다. 팀(team) 은 조직 내에서 프로젝트 개념으로 신속하고 빠른 의사결정을 위해 2000년대 초반부터 우리나라에서 많이 사용하고 있는 부서 명칭이다. 공무원 조직은 2005년부터 정부 주도하에 '팀'단위 부서가 만들어졌으나, 현재는 원래의 학문적 개념에 따라 일시적인 임시조직을 운영할 때 팀제[26]를 운영한다. 그 외에는 과—국—실 체계를 유지하고 있다.

---

23 「정부조직법」 제2조에 따르면 중앙행정기관의 단위는 부 · 처 · 청으로 하고, 보조기관은 차관 · 차장 · 실장 · 국장 · 과장으로 한다고 규정하고 있다.(본부장 · 단장 · 부장 · 팀장으로도 사용 가능) 다만, 공공기관의 부서 단위에 대한 명확한 기준이나 법적 규정은 없는 상태이다.

24 일반적으로 공공기관에서 '실' 단위 밑에 '부'나 '팀' 단위를 편제하는데, '부' 단위 밑에 '실' 단위 부서를 편제하는 공공기관도 있다. 이는 공무원 조직 중 연구기관은 기관장 밑에 '부' 단위 조직이 고위공무원이 임명되는 자리이기 때문에 '부' 단위를 상위개념으로 인식하는 데서 오는 관념적 조직편성이라고 생각한다.

25 새로운 직무를 사업 단위로 구성할 때 '단'이란 용어를 많이 사용한다. 정부에서 새로운 사업을 추진할 때 신규 프로젝트 담당 조직으로 '~사업단'이란 부서 단위를 사용한다.

26 팀제는 2005년 중앙정부에서 시작되어 현재 지방자치단체의 경우 팀제를 운영하고 있다. 예전의 '계'단위의 부서경칭을 '팀'제로 변경해 사용하고 있는데 팀제의 학문석 개념과는 상이하게 운영하는 측면이 있다.

보직은 보직자의 조직 내 위치를 나타낸다. 팀장이란 보직은 조직의 최상위 보직자가 팀장의 역할을 할 수도 있고 최하위 직급자도 팀장 업무를 수행할 수 있기 때문에 일반적인 행정업무를 위계에 따라 수행하는 공공기관에서는 사용하기에 적절한 부서명이라고 생각하지는 않는다. **"**

나. 실무업무

조직관리는 기관 내 조직을 어떻게 하면 구성원이 성과 있고 효율적으로 업무를 수행할 수 있을까를 고민하는 업무이다. 부서 간 중복되는 업무를 조정하고 필요한 부서는 신설하며 기능을 다한 부서는 변경하는 업무를 한다. 조직을 새롭게 신설하고 없애기는 어렵고 힘든 일이다. 기관 내 구성원 간의 이해관계가 형성되어 있어, 조직이 변화된다는 것은 현재 내가 하는 업무의 범위와 권한에 변동이 생길 수 있다는 것을 의미하기 때문에 구성원들이 민감하게 반응하기도 한다.

실무적으로 미세한 조정이나 조직 내 이해관계자들 간의 원만한 협의가 완료되면 기관 자체적으로 조직개편을 한다. 다만, 조직에 대한 전반적인 진단과 개선방안을 찾아내는 것은 외부 전문기관에 의뢰하여 용역을 통해 과업을 수행하는 경우가 대부분이다. 조직을 개편하면 규정을 개정해야 하는데 「직제규정」에 대한 개정 필요가 있으면 이사회 안건으로 상정하여 심의의결 후 주무기관의 승인을 받아야 하고 미세한 경우일 경우에는 「직제규정시행세칙」 개정을 통해 기관장 결재를 받은 후 시행한다.

1) 조직개편

'조직개편을 한다'라는 것은 조직이 원활하게 움직이지 않는다는 말이다. 기관장이 새로 부임하면 가장 먼저 확인하고 점검하는 것이 조직이다. 기관장의 경영방침을 제대로 이행할 수 있는 조직을 만들고자 하는 것은 기관장 입장에서는 당연하다. 대부분 공공기관이 새로 기관장이 부임을 하면 3개월에서 6개월의 적응 기간이 지나면 대대적인 조직개편을 단행한다. 기관장의 임기는 보통 3년으로 대부분 공공기관에서 3년 단위로 조직을 개편한다고 생각하면 된다. 그 규모의 차이는 있겠지만 대규모 개편 또는 미세 개편을 공공기관에서는 주기적으로 진행한다.

조직개편을 하기 위해서는 일정한 절차가 있다.

(1) 기관 內 자체적인 조직개편

내부에서 조직을 대대적으로 개편하기에는 이해관계자들의 관계 때문에 어려움이 있다. 조직 내 이해관계가 서로 상충하는 가운데 기획부서에서 제시한 개편안은 일부 부서가 기존에 가지고 있던 권한이나 기득권이 축소될 수도 있다. 그럴 때 기획부서는 이들의 공공의 적이 돼다. 이런 위험부담을 갖고서 자체적인 조직개편을 추진하는 것은 현실적으로 많은 어려움이 있는 게 사실이다. 기관장의 강력한 의지로 자체적인 조직개편을 추진할 수도 있으나 누군가는 손해를 본다고 생각하기 때문에 기획부서는 논란의 중심에서 힘든 시기를 겪을 수 있다.

일반적으로 공공기관에서는 내부 구성원의 의견을 조정하고 중재하는 것이 어렵기 때문에 기관 내부에서는 미세한 조직개편을 주로 진행한다. 이 또한 어려움이 많이 있는데 부서 간 기능을 조정하거나 부서 명칭을 변경하고, 최소단위의 부서를 증설ㆍ폐지하는 정도 선에서 내부 조직개편은 진행한다.

진행 절차는 다음과 같다.

🔖 첫째. 필요성이 있어야 한다.
기관장의 문제 제기가 있든가 아니면 업무를 수행하면서 부서 간 조정이나 협의가 안되는 부분이 발견되어야 한다. 또는 외부의 지적에 따른 대응이나 기관의 기능 확대로 새로운 직무가 발생해 업무를 수행할 부서를 만들 필요가 있을 때 조직개편을 진행한다.

🔖 둘째. 공감대 형성의 기간이 필요하다.
조직개편의 필요성에 대해 내부 구성원 간 공감대를 형성하면 어떻게 할 것인지를 검토한다. 부서별 의견을 수렴하고 기획부서 담당자가 초안을 준비해 기관장에게 보고 후 공론화한다. 공론화 과정에서 이해관계자 간 충분한 논의를 진행한다.

🖿 셋째, 내부 안 확정 및 주무기관 보고

내부 구성원과 합의가 완료되면 기획부서 담당자는 최종안을 기관장에게 보고해 확정한다. 확정된 안은 주무기관에 보고해야 한다. 이사회 안건 상정 여부와 관계없이 주무기관은 공공기관의 경영과 사업을 감독하는 기능을 수행하기 때문에 조직이 변경되면 대수롭지 않을지라도 보고하고 설명해야 하는 의무가 있다.

🖿 넷째, 내부 결재 체계에 따라 업무 마무리

주무기관 보고가 완료되면 내부 결재를 받는다. 조직개편안을 기관장에게 보고할 때 관련 규정 개정을 함께 보고하는 것이 좋다. 경미한 개편의 경우, 「직제규정시행세칙」을 개정해야 한다. 부서 간 기능 조정을 할 수 있고 부서 명칭이나 부서가 신설될 수 있어 조직도를 변경해야 하기 때문이다.

규정 제개정 절차는 일반적으로 ① 초안작성(해당부서) → ② 의견수렴(전 부서, 이해관계자) → ③ 부패영향평가(감사부서) → ④ 검토(기획부서) → ⑤ 심의위원회 상정(심의·의결) → ⑥ 보고 및 결재 → ⑦ 제개정 공지 및 관리의 순서로 진행한다. 기관장에게 조직개편안을 보고할 때 관련 규정 개정안을 보고한다는 것은 내규 개정 절차를 모두 마쳤다는 것을 의미한다. 기획부서 담당자는 업무 수행 절차를 사전에 숙지하여 업무추진의 과정에서 누락되거나 절차를 위반하는 일이 없도록 준비해야 한다.

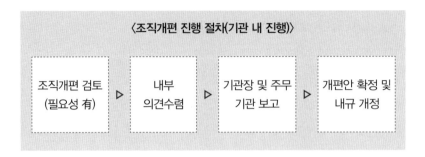

⟨조직개편 진행 절차(기관 내 진행)⟩

| 조직개편 검토 (필요성 有) | ▷ | 내부 의견수렴 | ▷ | 기관장 및 주무 기관 보고 | ▷ | 개편안 확정 및 내규 개정 |

(2) 외부 전문업체 용역에 의한 조직개편

기관의 조직을 대대적으로 개편하고자 할 때는 대부분의 기관에서 외부 전문업체를 통해 용역으로 추진한다. 새롭게 조직을 만드는 일이기 때문에 조직개편의 원인을 진단하고 개선방안을 찾아내 기관의 경영체계에 맞는 조직을 만들어야 한다. 조직을 진단한다는 것은 전문 영역이기 때문에 기획부서 담당자가 직접 업무를 수행하기에는 한계가 있다. 전문 역량도 부족할 수 있겠으나 궁극적으로는 내부의 문제점을 들춰내야 하는 어려움이 있다.

뭔가를 새롭게 한다는 것은 기존의 잘못과 비효율을 진단하는 것부터 시작한다. 내부의 문제를 해당 기관의 직원이 진단한다는 것은 현실적으로 어려움이 있다. 한마디로 조직 내 적을 만들어야 한다는 것이다. 조직 내에 나를 싫어하거나 감정적으로 유대관계가 없는 구성원이 많다는 것은 조직 생활에 마이너스 요인이 된다. 이 때문에 어려움을 겪는 구성원도 있어서 나로 인해 손해를 보는 구성원이 발생하는 일은 가급적 하지 않는 것이 조직 생활의 기본이다.

내부적인 어려움을 극복하기 위해 외부 전문가의 도움을 받아 객관적인 입장에서 조직의 문제를 해결하는 것이다. 외부 기관의 용역은 다음의 절차에 따라 업무를 수행한다.

첫째, 조직진단 추진계획을 수립한다.

모든 행정의 기본은 계획수립부터 시작한다. 조직개편도 계획수립을 통해 업무를 시작한다. 계획에는 배경과 목적, 추진방향, 용역 업체선정 및 향후 추진일정 등을 포함한다.

〈조직진단 용역 추진계획 사례〉

한국공공기관관리원 조직진단 용역 추진계획

■ 추진목적 및 배경
  • (목적) 직무분석 및 조직진단을 통해 관리원의 적정 조직구조와 인력 방안을 도출하여 효율적인 업무수행을 위한 개선안을 마련하기 위함
  • (배경) 부서별 업무 수행 시, 상호 소통 부재와 업무 중복 등의 문제가 발생 원활한 업무 수행을 위한 조직을 구성하고 그에 따른 적정인력 산출 필요

■ 사업내용
  • (사업명) 한국공공기관관리원 조직진단 및 개선안 도출 용역
  • (사업기간) 계약일로부터 4개월
  • (주요과업) ①사전진단, ②직무분석, ③조직진단을 통한 개선안 도출

① (사전진단) 대내·외 환경분석, 임직원 의견 사전청취를 통한 조직 분위기 진단 등 ☞ 관리원 특성에 맞는 현황 검토

　　※ 조직문화 진단 → 과제 발굴 → 협조요청(협업 : 인사부, 재무부)

② (직무분석) 조직 내 모든 직무 분류와 업무량 분석 및 직군, 직무별 인원 적정성 검토 ☞ 부서별 적정 인력 산출

③ (조직진단) 조직 운영현황(기능, 직무, 구조) 분석 및 업무분장 적정성 검토 ☞ 효율적인 조직·인력 운영방안 도출

　　　　　　* 용역 산출물 : 완료보고서(요약본 별도), 조직 및 인력운영방안 계획서

- (과업예산) : 금 00,000,000원(금 0천0백만원) 이내, VAT 포함

■ 업체선정 및 계약방법 ・ (선정/계약) 제한경쟁입찰/협상에 의한 계약

■ 추진계획
- (0월) 계획 수립 및 입찰공고
- (0월) 업체 선정
  * 협상에 의한 계약으로 제안서 평가는 (0월초), 기술협상 및 업체계약(0월 중)
- (0월~0월) 과업수행
  * 착수보고(계약일로부터 7일 이내), 중간보고(0월 중, 경우에 따라서는 2회 가능), 최종보고(계약종료일로부터 7일 이내)
  * 검토기간은 계약종료일로부터 2주로 하며, 특별한 상황 발생 시 1주 연장가능

구분	O월	O월	O월	O월	O월	O월	O월
계획 수립	■						
입찰 계약		공고/평가/협상					
과업 진행				착수 / 중간 / 완료			
후속 조치						개선안 도출	보고/승인 (주무기관/이사회)

　　　　　　　　　　　　　　　※ 상기 추진 일정은 변경될 수 있음

※붙임: 1) 과업지시서 및 제안요청서 각 1부씩. 2) 기초금액 산출 원가계산보고서 1부. 끝.

≋ 둘째, 용역업체 업체를 선정한다.

조직진단을 용역으로 추진하기 위해서는 계약절차를 진행해야 한다. 기획부서 담당자는 과업지시서와 제안요청서를 작성해 계약부서에 계약 의뢰를 한다. 계약 방법은 '협상에 의한 계약'으로 진행한다. 기관의 요구사항을 제대로 이행할 수 있는 업체를 선정할 수 있다는 장점이 있다. 제안서 평가위원은 총 7명(내부위원 3명, 외부위원 4명)으로 구성한다. 용역 계약금액에 따라 평가위원의 수는 달라질 수 있다. 외부위원 선정[27]은 기관에서 미리 준비한 인재풀에서 감사부서 직원이 입회하여 무작위로 선정된 순서에 따라 참석할 수 있는 위원을 선정한다. 제안서 평가와 가격입찰을 통해 우선협상대상자로 선정된 용역회사와 기술협상을 진행해 용역 수행에 문제가 없으면 기획부서는 계약부서에 계약을 요청하고 업체선정은 마무리된다.

❝ 용역은 업체를 선정하는 데부터 시작된다. 어떤 업체와 과업을 함께 하느냐가 기관에서 얻고자 하는 결과물을 잘 받을 수 있는지를 결정한다. 성공적인 용역이 되기 위해서는 과업지시서에 과업의 범위를 명확하게 명시하고 요구하는 결과물에 대한 인식을 용역업체와 공유해야 한다. 과업 수행과정에서 기관에서 요구하는 사항과 업체에서 이해하는 범위에 간극이

---

27 외부위원 선정 방법은 기관의 내규에 따라 결정한다. 다만, 일반적으로 적용하는 방법은 ①각 직무별로 외부전문가 풀을 연간 단위로 모집(공고)해 구성하고 그중에서 감사부서에서 무작위로 선정하는 방법, ②안건이 발생할 경우 몇 배수로 외부위원 풀을 구성하고 무작위로 선정하는 방법, ③안건 발생 시 주변 기관의 업무 관련자를 외부위원으로 선정하는 방법 등이 있다. 외부위원 선정방법은 기관의 업무특성 등을 고려해 내규에 선정방법을 규정화해야 한다.

있게 되면 기관에서 원하는 결과물을 얻는 데 어려움이 있다.

기획부서 업무 담당자는 용역을 수행하는 컨설턴트와 대화가 될 정도의 역량을 보유하고 있어야 용역을 리드하며 과업을 진행할 수 있다. 컨설턴트보다 뛰어난 전문 역량을 요구하는 것은 아니지만 대화가 되고 기관에서 요구하는 사항에 대해 이해하고 전달할 수 있을 정도의 사전 지식과 능력은 갖춰야 용역을 통해 얻고자 하는 성과를 달성할 수 있다. **"**

셋째, 조직진단 용역을 시작한다.

용역은 기관의 現 상태를 분석하는 것부터다. 분석 방법은 내부 구성원 인터뷰와 설문조사로 시작한다. 사전 준비 기간을 가지고 대내외 환경분석을 시행하고 기관장부터 모든 직급까지 인터뷰를 통해 구성원의 속마음을 확인하고 설문을 통해 얻고자 하는 답을 얻을 수 있도록 유도한다. 현 상태 분석이 완료되면 제대로 인력이 분포되어 있는지 적정인력산출을 위한 작업을 하는데 조직과 인력은 상호 연동되기 때문에 조직을 진단하기 위해서는 적정인력이 근무하는지를 확인해야 한다.

적정인력 산출 방법은 다양하게 할 수 있지만 유사 기관과의 비교분석 방법과 내부 구성원이 직접 참여하는 조사 방법(정량적/정성적) 등이 있다. 용역업체에서 자체적으로 가지고 있는 조사 TOOL에 따라 적정인력을 산출한다. 기획부서 담당자는 업체에서 제시하는 방법이 제대로 적정인력을 산출하는 방법인지를 확인하고 검증할 수 있는 역량을 가지고 있어야 한다. 검사방법의 타당성을 확인할 수 있는 역량이 없다면 용역업체가 제공하는 자료를 검증할 수 없으므로 업체에 끌려다니는 어려움이 발생한다.

용역업체 조사가 완료되면 이해관계자와 조율을 실시한다. 조직도를 그려야 하기 때문이다. 업체에서 우선적으로 경영진의 의견을 반영해 대략 3개의 안을 제시하고 그 안에 대해서 주요 경영진과 기획부서 부서장이 1차적으로 검토한다. 업체가 제안한 안이 기관장의 경영철학을 반영하고 현재의 문제점을 개선할 수 있는 안인지를 검증한다. 대략적인 검증이 완료되면 중간 보고회를 개최하는데 중간 보고회는 부서장급 간부나 임원이 참석해 업체에서 최종적으로 제안하는 조직안과 적정인력 배분에 대해서 난상토론을 한다. 각 부서는 업체가 제안한 안에 대해 의견을 전달하고 용역업체는 최대한 부서의 입장을 고려해 적정 안을 최종보고서(용역결과물)에 반영해 기관에 제출하게 된다. 조직진단 용역은 기관의 규모에 따라 다르지만 대략 4개월에서 6개월의 기간을 두고 진행한다.

> **❝** 용역을 진행할 때 기초금액 산정을 어떻게 정할지를 고민하는 담당자들이 많이 있다. 일반적으로는 비교 견적을 통해서 기초금액을 산정하는데 용역 금액이 많고 금액을 계량적으로 산출하기 어려운 용역은 비교 견적이 의미가 없어지는 경우가 있다.(일명 부르는 게 값인 용역이 있음_전문가의 지적재산으로 용역을 얻는 과업(중장기발전계획용역/조직진단용역/홍보 디자인 대행 용역 등)) 그래서 견적을 전문적으로 수행하는 외부전문업체에 위탁해 진행하는 것도 하나의 방법이다. 기획재정부에서 허가받은 몇 개의

업체가 있는데 정부에서 인정하는 전문업체에 의뢰해 기초금액을 산출하는 것이 업무를 하는 담당자로서는 안정적으로 업무를 추진하는 방법이다. **"**

" 용역 수행과정에서 담당자는 용역업체에서 주 단위로 과업 진행 결과를 보고받고 향후 일정을 조율해야 한다. 용역업체는 우리 과업만 수행하는 것이 아니라 다른 기관의 용역에도 참여할 가능성이 높아서 담당자는 용역 PM과 지속적으로 통화 또는 만나면서 기관의 요구사항이 과업에 반영될 수 있도록 관리를 해야 한다. 용역 PM과는 공식적인 관계 유지 외에는 불필요한 만남은 자제하는 것이 좋다. 특히 업체 비용으로 식사하거나 선물 등을 받으면 청렴의무 위반 등으로 징계를 받을 수 있어서 특히 조심해야 한다. 용역업체와는 과업 기간에 친밀한 관계는 유지해야 하지만 개인적 관계 형성은 극히 조심해야 한다. **"**

🗇 넷째, 최종안을 도출한다.

용역업체의 용역 과정이 완료되면 그 결괏값을 기본으로 내부 구성원의 의견수렴을 거쳐서 최종안을 마련한다. 최종안은 기관장의 의지를 반영해야 한다. 용역을 실시하는 실질적인 이유는 단 하나이다. 용역을 통해서 구성원의 의견과 생각을 듣고 조직진단에 그들의 의견을 최대한 반영할 수 있는 여건을 조성하기 위함이다. 용역업체는 기관장의 의도와 구성원의 의견을 고려해 최적의 안을 제시하는 게 과업의 핵심이다.

기관장의 의지와 구성원의 의견을 수렴한 최종안이 확정되면 내부 결재 절차를 거쳐서 확정하고 주무기관에 보고 후 관련 규정 개정을 통해 조직개편 작업을 마무리한다.

〈조직개편 추진계획안 사례〉

한국공공기관관리원 조직개편(안)

■ 추진목적
- ○○○ 설립목적의 성공적 달성을 위한 경영전략에 기반한 조직으로 개편
- 각 부서의 명확한 역할 재정립 및 효율적 업무 분담
- 협업의 극대화 및 업무 간 시너지가 발생할 수 있도록 조직 재결합 추진

■ 대내외 환경 분석
- 대외 환경 분석
  − XXXXXX (정책환경, 사회환경, 문화환경, 유사기관 사례 등 분석)
- 내부 환경 분석
  − XXXXXXX (경영전략, 기관성격, 임직원 의견 등 분석)
- 종합 시사점

■ 조직개편(안)
- (조직도) ○○○를 고려한 ○○○ 방향으로 조직 개편

(현행)	⇨	(개편안)

- (조직 단위별 개편 내용) ○○○를 고려한 ○○○ 중심의 개편
  ① 경영기획실

개편 전	개편 후	내용	비고
○○팀	○○팀	− XXXXXXXXXXX	신설
○○팀	○○팀	− XXXXXXXXXXX	업무조정
○○팀	○○팀	− XXXXXXXXXXX	폐지

■ 정원조정(안)
- XXXXXXXXXXXXXXXXXXXXXXXXXXXXXXXXXXXXXXXXX

■ 추진일정
- XXXXXXX (일상감사, 상급기관 협의, 이사회 개최, 시행일 등)

※붙임: 「직제규정」 개정(안) 1부. 끝.

| 정원관리 |

공공기관 정원관리는 정원의 증감을 관리하는 업무이다. 조직은 시대의 변화에 능동적으로 대응해야 한다. 정부의 정책 방향에 따라 중요하게 인식되는 분야가 있고 법령의 제개정으로 새롭게 수행하고 퇴출당하는 직무가 발생한다. 기획부서 담당자는 이를 사전에 인지해 기관 입장에서 새롭게 추가되는 직무를 개발이나 발굴해야 하고 정부의 정책 방향과 시대적 소명 속에서 기관을 성장·발전시킬 기회를 만들수 있어야 한다.

가. 개념설명

공공기관 정원은 예산(인건비)과 직접적인 관계가 있다. 정원의 증감 여부에 따라 인건비에 변화가 생기기 때문이다. 공공기관 정원을 증감하기 위해서는 주무기관 협의와 기획재정부 승인을 얻어야 한다. 인건비 증감 없인 정원을 조정할 수는 없다.

공공기관 인건비는 '총인건비'로 관리한다. 총인건비는 기관 인력에게 지급되는 모든 인건비성 경비(「소득세법」상 근로소득 일체, 복리후생비 포함)를 포함한 인건비 총액이다. 2023년 총인건비 인상률은 전년 대비 1.7%이며 2023년 인건비는 전년 대비 1.7% 증액된 범위 내에서 편성하고 예산의 범위 내에서 집행해야 한다. 총인건비가 중요한 이유는 총인건비 인상률을 초과해 지급하면 기관에 많은 불이익이 발생한다. 우선 초과한 부분만큼 다음 해 인건비를 감액하여 편성하고 경영평가 계량지표 점수를 받을 수 없다. 이러한 표면적인 제재에 끝나는 것이 아니라 총인건비도 관리 못 하는 무능한 기관으로 낙인찍혀 차후 예산작업 및 경영평가에서 지속적인 불이익을 받을 수 있다. 오랫동안 기관 이미지 회복에 많은 노력이 필요하게 된다. 그래서 총인건비는 반드시 인상률 범위 내에서 관리해야 한다. 총인건비는 일반적으로 보수업무를 담당하는 부서에서 관리하지만, 정원관리 업무를 수행하는 담당자는 개념 정도는 인지하고 있어야 한다.

나. 실무업무

정원(定員)은 규정에 정해진 인력을 말한다. 모든 공공기관은 직급별 정원을 「직제규정」에 반영한다. 정원에 변동이 있으면 규정을 개정해야 하는데, 개정 필요가 발생했다는 것은 정원이 증원됐거나 감원됐다는 의미이다. 정원의 증감은 기획재정부와 사전협의 절차를 반드시 거쳐야 한다. 예산과 직결되기 때문이다. 이를 준수하지 않고 정원 변경을 했을 경우 앞으로 예산 확보(인건비 및 사업비 등 기관의 모든 예산을 말함)에 큰 어려움이 있을 수 있고, 경영평가와 기획재정부와 연계된 모든 업무에서 불이익을 받을 수 있다. 이는 반드시 준수해야 하는 절차이다.

실무적으로 정원관리의 핵심은 정원 증감과 관련된 업무이다. 정원을 변경하고자 할 때는 증원이든 감원이든 「직제규정」을 개정해야 가능하다. 규정을 개정하기에 앞서서 주무기관과 사전협의를 해야 하고, 기획재정부의 협의 및 승인을 얻어야 후속 조치 차원에서 「직제규정」을 개정[28]할 수 있다. 직제규정 개정은 기관의 주요 업무로 이사회에 개정안을 상정해 심의 · 의결 받고 주무기관의 승인을 받아야 한다.

"공공기관에서 인위적인 정원 감원은 일어나기 어려운 일이다. 기관의 설립 근거가 법으로 정해져 있고 정관상에 신분이 보장되기 때문에 기관이 없어지지 않는 한 감원은 현실적으로 힘든 일이라고 생각한다. 다만, 정부의 정책 방향과 시대적 변화에 따라 직무의 가치가 낮아져 인력을 조정해야 하는 문제가 발생할 수 있다. 이때 인력을 재배치 해 기관에서 중점적으로 추진할 직무에 직무교육을 통해서 다시 배치해 운영하는 것이 일반적인 사례이다. 한번 정해진 정원을 감원하는 것은 한 사람 또는 가족의 생사와 직결되기 때문에 신중할 필요가 있다. 정원 책정 시 면밀한 조직진단을 통해 적정인력을 산출하는 것이 현명한 방법 아닐까 하는 생각이다."

정원 증원 절차는 다음과 같다.

---

28 '공기업 · 준정부기관의 경영에 관한 지침' 제6조 제5항에 근거

1) 중기인력운영계획 수립

모든 업무는 중기인력운영계획을 수립하면서 시작한다. '공기업·준정부기관의 경영에 관한 지침'에 따라 3년간의 인력운영계획을 당해연도를 포함하여 수립한다. 계획에는 중장기 경영목표, 대내·외 환경분석과 기관장의 인사방침, 업무소요 변화 등을 지정된 양식에 따라 작성한다. 중기인력운영계획은 이사회 심의·의결로 확정하는데 매년 2월 이사회에 안건으로 상정해 확정하고 2월 말에 기획재정부에 제출해야 한다. 당해연도를 포함한 중기인력운영계획에 따라 정원증원 심의 때 근거 자료로 활용하게 된다.

〈중기인력운영계획 사례〉

1. 기관 일반현황

(1) 기관 개요

■ 연혁 및 주요업무
  · (설립근거) ○○○○법
  · (설립목적) ○○○ 공익기능 및 가치 확산을 위한 기관 설립
  · (주요연혁) ○○○○ 설립 타당성 용역('00.00.00.) → ○○○○법 제정('00.00.00. 제정) → 법인 설립 및 개관('00.00.00.)
  · (주요업무) ○○○○○ 문화 콘텐츠 개발 및 운영
  · (최근 경영평가 결과) A등급(○○○○부처 주관)

  ■ 재무 현황
  · 최근 5년간 자산, 부채, 자본, 부채비율, 영업이익, 당기순이익

(2) 예산 현황
  ■ 최근 5년간 예산 편성 및 집행현황

(3) 조직 현황

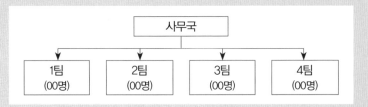

2. 그동안의 인력운영분석

(1) 최근 3년간 인력운영 추이

구분	2022		2023		2024. 1.	
	정원	현원	정원	현원	정원	현원
합 계	XX	XX	XX	XX	XX	XX
• 상임임원	XX	XX	XX	XX	XX	XX
• 일반정규직	XX	XX	XX	XX	XX	XX
• 무기계약직	XX	XX	XX	XX	XX	XX

(2) 인력운영에 대한 성과평가

- (미래성장동력 확보) 기존 조직의 진단(직무 및 조직분석)을 통해 미래성
  장동력 확보를 위한 최적의 조직으로 개편 및 인력 편성

- (정·현원차 관리) 적기 인력 채용을 통해 업무공백을 방지하고, 공공분야
  청년층 및 사회적약자의 일자리 창출
  * ('22~'23년 채용 실적) 청년 0명, 장애인 0명, 보훈 0명

- (현장 중심 인력배치) 무기계약직 00명 중 00명(00%)을 현장종사자로 배
  치하여 고객 만족과 안전 중심으로 기관 운영
  * (무기계약직 총 53명) 시설 0명, 경비 0명, 미화 0명, 안내 0명

- (일·가정 양립) 유연근무제도 도입, 휴가 사용 장려를 통한 근로자 휴식
  권 보장으로 일과 가정이 균형을 이루는 조직문화 창출
  * '23년 기준 유연근무제 사용 건수 00건, 휴가 사용률 00%

- (양성평등) '24.1월 기준 임직원 125명 중 여성 00명(00%)이며, 팀장급 이상 관리자 00명 중 여성 00명(00%)
- (미흡한 점) 무기계약직의 잦은 퇴사 발생 → 처우 및 조직문화 개선, 법정 업무 담당 전문인력 부족 → 정원 확보로 법정 업무 누락 없도록 조치

3. 중기인력운영계획

(1) 기본방향

- 경영환경 분석

구분	주요내용	시사점
정부정책	• 120대 국정과제(공공혁신, 효율화, 탄소중립) …	• 기관 혁신과 고객 안전 보장을 최우선 가치로 인력 운영 …
대외여건	• 세계 디지털 콘텐츠 시장 성장 …	• 디지털 콘텐츠 개발과 운영에 역량 집중 …
대내여건	• 경영진의 강한 조직혁신 의지 …	• 전사 혁신 내재화 노력 및 소통 강화 …

- 중기인력운영 기본방향
  - 기관 고유 ○○○○ 사업 강화 및 안전 중심의 인력 편성
  - 정부 정책과 사회적 흐름에 부합하는 ○○○○ 등 인력 재배치

(2) 기관 소요인력 현황 및 전망

- '25년까지 총 00명 인력 수요 발생
  - 세부 내역 작성

(3) 주요 사업단위별 인력 운영계획

- A사업에 대한 인력 운영계획 작성(현황 및 운영계획)
- B사업에 대한 인력 운영계획 작성(현황 및 운영계획)

2) 정원 증원 요청

정원증원을 하기 위해서는 관련 지침[29]에 따라 주무기관 및 기획재정부와 사전협의를 해야 한다. 다음 연도 정원증원 심의를 하기 위해서는 매년 5월 말까지 주무기관과 정원증원 필요에 대한 협의를 완료하고 인력 채용에 재정 지원이 필요한 예산수반기관은 7월 말까지 기획재정부와 협의를 해야 한다. 재정 지원이 불필요한 예산비수반기관[30]은 9월에서 10월경 협의를 하면 된다. 이 과정에서 담당자는 수많은 문서를 작성해야 하고 기획재정부를 설득할 수 있는 논리를 개발해야 한다. 정원을 증원한다는 것은 정말 힘든 일이며 정확한 근거와 계량화할 수 있는 수치가 없다면 증원은 어렵다고 봐야 한다. 정원증원은 요구한 업무 분야, 기존 인력의 적정성 등을 종합적으로 검토[31]하여 증원 규모를 산정한다. 기관의 핵심 기능 및 설립목적에 부합[32]하는 상시 · 지속 업무[33]는 증원이 가능하다.

❝ 실무적으로 기획재정부와의 협의 시 정원을 대규모로 증원하기에는 현실적으로 힘든 일이다. 정부의 정책 방향으로 인해 국책사업을 집행하는

---

29 '공기업준정부기관의 경영에 관한 지침' 제6조 제2항에 근거

30 정부 예산(출연금 및 보조금 등) 없이 자체적인 수입으로 기관을 운영할 수 있는 기관을 말함

31 기존 인력을 통해 증원 요구 업무를 수행할 수 있는지를 분석하고 증원이 필요한 경우에 한해 필수 소요를 검토함

32 1) 기관 고유업무(법에 명시), 2) 국정과제, 3) 국민 수요가 증가하는 업무, 4) 법령 제개정에 의한 의무 사업 등

33 한시 업무나 기한이 정해진 업무의 경우 한시 정원 · 탄력 정원으로 증원

기관이 아니면 국민수요가 증가하는 안전 및 사회적 책임 관련 인력이나 각종 법령 제개정에 따라 발생하는 법정의무 인력에 의한 증원이 담당자들이 접근하기 가장 효과적이지 않을까 생각한다. "

" 정원증원 업무를 담당자로 2년 정도 한 경험이 있다. 나름대로 성과를 내기도 했다. 기관에서 요구한 정원 증원소요를 기획재정부에서 2년에 걸쳐서 증원해 줬기 때문이다. 이런 성과를 내기 위해서는 담당자의 피눈물 나는 노력이 필요하다. 정원증원을 위한 논리 개발은 당연하고, 주무기관과 기획재정부 담당자를 설득하고 주기적으로 만나 기관의 입장과 상황을 설명하고 만날 수 있는 자리를 지속적으로 만들 수 있는 관계를 유지하는 일까지 해야 했다.

실무선에서 할 수 있는 일은 한계가 있어서 기관장을 움직일 수 있는 배포가 있어야 한다. 기관을 대표하는 분이 움직여야 중앙부처 국·과장급 이상 책임자를 만날 수 있다. 정원증원은 기관장이 어느 정도 의지를 갖추고 노력하느냐에 따라 그 성과가 판가름 난다. 담당자가 아무리 용을 쓰며 일을 해도 기관장이 나서서 해결하려는 의지가 없다면 정원증원은 없다고 보면 된다.

다행히 대표 저자가 실무업무를 할 때 기관장은 기관을 발전시키려고 하는 의지가 강해 많은 도움을 받았다. 기관장이 직접 기획재정부 담당 공무원과 과장 그리고 그 윗선까지 만나서 설득하고 기관이 처한 상황을 설명하는 노력을 했었다. 이런 기관장의 정성과 담당자의 노력으로 기관의 정원을 증원시킬 수 있었다. 정원증원은 기관장이 나서지 않으면 안 되는 일이다. 이건 절대적이다. "

〈정원 증원(안) 작성 사례〉

Ⅰ. 한국공공기관관리원 일반현황

- 연혁
- 주요업무
- 조직 및 인력현황

Ⅱ. 인력운용 특성

- 예산 및 현원 비율
- 향후 인력 배분방향

구 분	20○○년	20○○년	20○○년	20○○년	20○○년
• 전체합계 (a+b+c)	100	100	100	100	100
1. ○○○○○○ 사업(a)	00	00	00	00	700
• ○○○○○○○ 사업	00	00	00	00	00
• ○○○○○○ 사업	00	0	00	00	00
• ○○○○○○	0	0	0	0	0
• ○○○○○○	00	00	00	00	00
• ○○○○○○	0	0	–	–	–
• ○○○○○○	–	–	0	0	0
• ○○○○○○	–	–	–	0	0
• ○○○○○○	0	0	0	0	0

- 외부기관 지적사항 : 해당사항 없음

Ⅲ. 증원 요구 내역

- 총괄표

(단위 : 명)

구 분	20○○년			20○○년		
	정원(A)	20○○년 증원	현원	요구(B)	반영시 정원	증가율(B/A)
• 전체합계	000	00	000	00	000	00%↑
− ○○○○○○사업	00	00	00	00	00	00%↑
· ○○○○○○	00	0	00	00	00	0%↑
· ○○○○○○	00	0	00	0	00	0%↑
· ○○○○○○	00	·	00	0	00	0%↑
· ○○○○○○	0	·	0	0	0	·
· ○○○○○○	00	·	0	0	0	·
· ○○○○○○	00	0	·	·	·	·

분야	증원 요구									계	기 증원	
	○○○○		○○○○		○○○○		법상추가	○○	○○		20○○년 증원	20○○년 증원
	○○	○○	○○	○○	○○	○○						
20○○년 정원	·	·	·	·	·	·	○○	·	○	○○	○	○
요구	·	·	·	·	·	·	○○	·	○	○○	·	·
일반 증원	·	·	·	·	·	·	○○	·	○	○○	○	○

Ⅳ. 사업별 검토

■ ○○○○○○사업

(단위 : 명)

사업명 (대분류)	분야	20○○년		20○○년 증원			기능조정 해당여부
		정원	현원	요구	담당검토	비고	
○○○○○○사업	법상추가	○○	○○	○○			

· (증원요구) ○○명 증원
· (증원필요성) ○○○○○○○○○○○○○○○○○○○○○○○○○○○○○○○○○○○○

Ⅴ. 검토 총괄표

(단위 : 명)

분야	증원 요구									계	기 증원	
	○○○○		○○○○		○○○○		법상추가	○○	○○		20○○년 증원	20○○년 증원
	○○	○○	○○	○○	○○	○○						
20○○년 정원	·	·	·	·	·	·	○○	·	○	○○	○	○
요구	·	·	·	·	·	·	○○	·	○	○○	·	·
검토												
일반 증원	·	·	·	·	·	·	○○	·	○	○○	○	○

04
평가관리

　공공기관은 정부의 정책을 이행하는 집행기관으로 공조직의 성격이 강하고 정부의 예산을 받아 운영한다. 정부의 예산을 받는다는 것은 외부의 감시를 받아야 하고 평가를 통해 성과를 분석해야 한다는 의미이다. 정부와 국회의 감사를 정기적으로 받고, 기획재정부와 주무기관의 평가를 받아 기관이 잘 운영되고 있는지를 확인해 예산 증액 여부와 사업확장 등을 결정된다.

　공공기관은 내외부 평가를 통해 한 단계 성장하고 도약할 수 있는 계기를 만들고 기관의 인지도 향상에도 활용한다. 임직원의 보수와도 연동해 평가 결과에 따라 보수의 차등이 발생하게 된다. 외부로부터 받는 평가를 '경영평가'라 하고, 내부 구성원이 받는 평가를 '근무성적평정' 또는 '인사평가', '인사고과' 등이라 한다.

　내부 구성원 평가는 아직까지 학문적으로 통일된 평가 명칭이 없다. 공무원의 평가 명칭인 '근무성적평정'이란 용어를 일반적으로 많이 사용하는데, 내부 구성원 평가 명칭은 기관마다 부르는 명칭이 다르다. 내부 구성원을 위한 평가는 인사부서에서 실시하는 정성평가가 있고, 기획부서에서 실시하는 부서 단위 평가인 정량평가로 나눌 수 있다. 기획부서에서는 부서 단위로 계량지표로 부서를 평가하고 그 평가 결과를 인사부서에 전달하면 인사부서에서 정성평가와 정량평가를 종합하여 기관 구성원의 연간 평가 등급을 결정한다.

다만, 기관마다 평가체계는 달라서 일반적으로 적용되는 표준화된 평가방법은 없다. 기관의 인력 및 규모, 조직 형태, 연력 등에 따라 평가시기와 방법은 천차만별이다. 공무원 조직과 같이 직종과 직렬, 업무가 달라도 표준화된 평가방법에 의해 평가하는 것과 같이 공공기관도 내부 구성원을 평가하는 방법과 절차 등이 통일되어 진행됐으면 하는 생각이다. 기관마다 다를 필요가 있을까 하는 평소의 생각을 가진다.

❝ 내부 구성원 평가체계를 설계하기는 정말 어렵고 힘들다. 공공기관 일반 행정 직원들은 대부분 순환보직을 해서 평가제도를 설계하고 고도화할 수 있는 전문 역량을 가진 직원들이 극히 제한적이다. 그래서 대부분 기관에서 평가제도를 설계하거나 고도화할 때 외부 전문 컨설팅업체에 의지하는 경향이 많다. 물론 내부 구성원들의 합의를 이루기 어려운 점도 있지만 결국은 담당자의 전문성 부족이 중요한 원인 중에 하나라고 생각한다. 이러한 문제를 개선하고 내부 구성원의 수용성을 높이는 방법으로 공공기관에 적용될 수 있는 표준화된 평가체계를 만들었으면 좋겠다. 평가 운영은 각 기관의 자율권에 맡기고 평가의 기본적인 틀은 규주화해 담당자의 부담을

덜어주고 내부 구성원의 수용성을 높이는 방향으로 정책을 추진했으면 한다. **"**

" 공무원들은 인사혁신처에서 매년 인사실무편람을 제작해 공무원들에게 인사업무와 관련된 기준을 제시하고 있다. 이 편람은 일선 공무원들이 실무에서 바로 적용할 수 있도록 구체적인 사례와 업무절차 등을 서술하고 있다. 공공기관도 공무원과 같이 표준화된 인사실무편람과 같은 것을 만들어 각 공공기관에 적용하게 하는 것이 좋다는 생각이다. 물론 개인적인 생각이지만 이 부분에 관한 연구와 논의가 필요한 시점이 아닐까 하는 생각이 든다. 개인적으로는 이 부분에 대해서 박사 학위 과정에서 연구해보고 싶은 연구 주제이기도 하다. **"**

경영평가는 「공공기관의 운영에 관한 법률」 제48조에 명시되어 있다. 공기업과 준정부기관은 기획재정부가 주관하여 경영평가를 시행하고, 기타공공기관은 주무기관 주관으로 경영평가를 진행한다. 경영평가는 경영평가편람을 통해서 평가기준을 사전에 공지하고 그 기준에 따라 공공기관은 평가를 받는다. 외부 평가위원에 의해 경영 부문과 사업 부문으로 구분하여 비슷한 비중으로 평가를 받으며 보고서 평가와 실사 검증 등의 절차에 따라 평가한다.

| 경영평가 |

가, 개념설명

"공공기관의 모든 업무는 경영평가화 된다."라는 말을 실무진에서는 많이 한다. 그만큼 공공기관 입장에서는 경영평가가 중요하고 힘든 업무이다. 기관의 모든 행정역량을 동원해야 하고 평가 결과에 따라 기관이 받는 이익과 손실은 너무도 분명하기 때문이다. 수준 이상(S 또는 A)의 결과를 받으면 기관은 역량 있고 성과 있는 기관으로 인정받으며, 평가 연도 정말 열심히 근무했다는 것을 외부에서 알아주는 것이다. 외부의 평가가 좋으면 내부 구성원의 사기도 진작될 수 있다. 이와 함께 두툼한 경영평가 성과급을 받을 수 있어 개인적인 실리도 챙길 수 있다. 하지만 수준 이하(D 또는 E) 결과가 나오면 기관에 대한 이미지는 추락하게 되고 유사 기관과의 비교에서 수준 낮은 기관으로 낙인찍히는 것은 물론 경영평가 성과급도 낮은 지급률로 받거나 아예 못 받는 상황에 부닥칠 수도 있다. 최하의 등급을 받게 되면 기관장의 운명도 장담할 수 없는 처지가 된다. 경영평가 결과에 따라 기관에 미치는 영향이 크기 때문에 모든 공공기관은 경영평가에 사활을 걸 수밖에 없다.

경영평가는 2007년 「공공기관의 운영에 관한 법률」이 제정되면서 시작됐다. 공공기관의 자율 · 책임경영체계를 확립하기 위해 매년 경영활동과 성과를 공정하고 객관적으로 평가하는 제도이다. 공공기관의 성과 향상을 유인하고 정부 정책의 실행력을 강화하며 對 국민 서비스 향상을 목적으로 경영평가를 시행하고 있다. 경영평가가 있기 전에는 다양한 형태로 공공기관을 평가했는데「정부투자기관관리법」및「정부산하기관관리기본법」에 따라 정부투자기관과 산하기관을 평가했다. 평가의 주요 사항은 경영효율화, 민영화, 자회사 정리 등이며 2004년 이후부터는 혁신, 자율과 책임경영, 고객만족 경영 등이 반영되어 정부혁신평가, 사장경영계약실적평가, 기관 경영실적평가 등의 이름으로 평가가 진행됐다.

「공공기관의 운영에 관한 법률」로 모든 공공기관 관리가 통합되면서 경영평가도 2007년부터 자리를 잡기 시작하는데 공공기관에 포함된 공기업과 준정부기관, 기타공공기관 모두를 대상으로 평가를 시작했다. 2007년 이후 출범한 정부의 국정철학에 따라 중점적으로 평가하는 항목에는 다소 차이가 있을 수 있으나, 평가 기준이나 지향하는 바는 큰 차이 없이 현재와 같이 운영되고 있다.

경영평가는 기관의 경영실적을 체계적이고 종합적으로 평가한다. 경영관리와 주요 사업의 2개 부문으로 구성하며 전년과 대비하여 평가하는데 주로 전년 대비 당해연도에 어떤 부분이 개선됐고 실적이 좋아졌는지를 평가한다. 경영관리와 주요 사업의 점수 반영 비중을 비슷(50/50)하며 경영관리는 주로 경영전략 및 리더십, 사회적 책임, 업무효율, 조직 · 인사 · 재무관리, 보수 및 복리후생, 혁신과 소통을 평가

한다. 주요 사업은 주요 사업별 계획과 활동, 성과와 계량지표의 적정성 등을 종합적으로 평가한다.

〈경영평가 기본체계〉

평가범주	주요 평가내용
경영관리 (경영 부문)	경영전략, 사회적 책임, 재무성과관리, 조직 및 인적자원관리, 보수 및 복리후생관리 등
주요사업 (사업 부문)	공공기관의 주요사업별 계획·활동·성과 및 계량지표의 적정성을 종합적으로 평가

※자료: 2023년도 공공기관 경영평가편람(기획재정부, 2022년 12월)

공기업과 준정부기관은 사업의 성격에 따라 분류해 유사기능을 수행하는 기관끼리 평가를 하는데 **공기업은 ① SOC 유형, ② 에너지 유형, ③ 산업진흥·서비스 유형)으로 분류되어** 평가를 받고, **준정부기관은 ① 기금관리형 ② 위탁집행형–SOC·안전 유형, ③ 위탁집행형–산업진흥 유형, ④ 위탁집행형–국민 복리증진 유형으로 분류**해 평가한다.

〈공기업 및 준정부기관 평가 유형 구분〉

유형		유형구분기준	해당기관
공기업	SOC	사회기반시설(SOC)에 대한 계획과 건설, 관리 등을 주요업무로 하는 기관	인천국제공항공사 외 7개 기관
	에너지	에너지의 생산·공급 및 자원개발 등을 주요업무로 하는 기관	한국 가스공사 외 11개 기관
	산업진흥·서비스	특정분야 사업 진흥 및 대국민 공공서비스 제공을 주요업무로 하는 기관	한국마사회 외 11개 기관

유형		유형구분기준	해당기관
준정부 기관	기금관리형	「국가재정법」에 따라 기금을 관리하거나 기금의 관리를 위탁받은 기관 중에서 기금관리형 준정부기관으로 지정된 기관	공무원연금공단 외 10개 기관
	위탁 집행형 SOC·안전	SOC 및 안전 관련 업무를 주요 업무로 하는 기관	한국농어촌공사 외 13개 기관
	산업 진흥	특정 산업 진흥을 주요 업무로 하는 기관	한국관광공사 외 15개 기관
	국민 복리증진	국민복리 증진을 위한 대국민 공공서비스 제공을 주요업무로 하는 기관	국립생태원 외 13개 기관

※자료: 2023년도 공공기관 경영평가편람(기획재정부, 2022년 12월)을 바탕으로 재구성

일반적으로 경영평가는 해당연도 평가로 생각하기 쉬운데 엄밀하게 말해서 3년 주기로 계속 반복된다고 생각하면 된다. 일명 PDCA체계 속에서 계획(Plan)을 통해서 실행(Do)하고 실행 결과를 평가(Check)받고 평가받은 결과를 바탕으로 개선(Act)하는 하나의 순환 사이클로 3년간 연속적으로 반복한다. 전년도 개선사항을 계획에 반영해 사업을 수행하고 평가연도 결과에 따라 개선사항이 발생하면 다음 연도 계획수립에 반영해 사업을 추진한다.

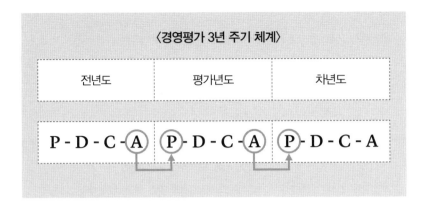

〈경영평가 3년 주기 체계〉

전년도	평가년도	차년도

P-D-C-Ⓐ Ⓟ-D-C-Ⓐ Ⓟ-D-C-A

PDCA체계는 기관 운영 방향의 타당성, 관리의 체계성, 성과의 우수성과 지속가능성을 확인하기 위한 경영평가의 기본구조이다.

〈PDCA에 대한 설명〉

① 계획(Plan)은 모든 행정업무를 수행하기 위한 기본계획을 말하며 기본계획에는 기관의 경영전략체계와 연동된 각종 목표를 설정하고 목표를 달성하기 위한 과제발굴 및 세부적인 이행계획이 반영되어야 한다. 평가위원은 성과목표, 추진전략, 실행과제 등의 사업목표와 추진방향이 명확하게 제시되고 추진체계가 명확한지를 확인·점검한다.

② 실행(Do)은 설정된 계획이 체계적이고 실질적으로 실행됐는지를 확인한다. 전사적 참여와 기관 특성을 반영한 실행 방식 등을 점검하며 과제 달성을 위해서 실행한 세부 활동 내용과 실적을 확인한다.

③ 평가(Check)는 계획을 검증하는 단계로 결과의 측정과 계획과의 비교를 통해서 경영활동이 충분한 수준의 성과를 달성했는지를 확인한다. 기관에서 수행한 해당 과제의 실적 및 성과가 기관의 설립목적 및 비전과 경영목표 달성, 정부의 정책방향 등에 어느 정도 이바지했는지를 확인한다.

④ 개선(Act)은 계획과 결과의 차이를 분석하고 문제해결 방안을 제시하여 다음 연도에 반영할 수 있도록 한다. 성과분석을 통해 잘한 점과 문제점의 원인을 파악해 어떻게 하면 적절한 환류 활동을 할 수 있을지에 대한 점검과 검토를 한다. 성과점검을 통한 문제점 및 원인 분석 후 해결방안을 모색하고 개선을 위한 노력을 어떻게 했는지 그 해답을 찾는 노력을 해야 한다.

❝ 경영평가는 정부가 주관해 공공기관을 평가하는 제도이다. 이 말은 정부의 정책 방향에 맞게 지표를 설정하고 기관의 경영체계와 전략목표를 수립해야 한다는 의미이다. 정부의 성격에 따라 강조하는 핵심가치가 달라서 이에 능동적으로 대응하는 것이 필요하다. **❞**

나. 실무업무

경영평가는 전사의 행정역량을 총동원해 준비해야 하는 업무다. 기획부서 담당자 개인이 혼자서 준비할 수도 없고, 그렇게 했을 경우 경영평가 결과는 최하위 등급에서 벗어날 수가 없다. 경영평가 보고서를 작성하다 보면 사업부서 담당자들이 이런 얘기를 하는 경우가 간혹 있다. 경영평가 보고서는 기획부서에서 작성해야 하는 거 아니냐는 말이다. 경영평가는 기획부서 담당자의 업무가 아니라 전사적으로 같이 동참해서 최고의 보고서를 작성해야 하는 기관 차원의 중대한 업무라는 것을 공공기관 재직자는 알아야 한다.

> **"** 경영평가 실무를 하다 보면 답답한 일들이 많이 발생한다. 경영평가 보고서를 어떻게 작성해야 하는지 잘 모르는 내부 구성원이 많이 있고, 공공기관이 아닌 다른 직업군에서 공공기관으로 이직한 새로운 구성원들은 경영평가에 대한 이해도가 매우 낮다. 경영평가 보고서를 왜 담당자가 작성하지 않고 사업부서에 업무를 미룬다는 등의 불평불만을 말하는 경우도 많이 있다. 이럴 때 그들을 설득하고 이해시키며 사전 교육을 시키는 것도 경영평가 담당자가 해야 하는 일이다. 전사적인 행정역량을 총동원해야 하기 때문에 내부의 불만 요소가 산재하다 보면 불필요한 오해로 제대로 된 경영평가 준비를 못한다. 경영평가에서 좋은 성과를 도출하기 위해서 체계적으로 경영평가에 준비해야 한다. 그 첫 번째가 경영평가에 대한 내부 구성원의 이해도 높이고 참여를 이끌어내야 한다. 그렇기 위해서는 체계적인 사전 교육과 경영평가에 대한 내재화가 선행되어야 한다. 그 역할을 담당

자가 해야 한다. **"**

" 경영평가는 기관의 행정역량을 총동원해야 하는 중요한 일이다. 담당자가 혼자 할 수 없는 일이고 그렇게 할 수도 없다. 경영평가에서 좋은 성과를 내기 위해서는 구성원 모두가 동참하는 것도 중요하지만 가장 핵심적인 사항은 기관장의 관심과 의지다. 기관장이 경영평가에 대한 중요성을 인지하고, 어떻게 조직을 이끌면서 준비하느냐가 경영평가 결과에 그대로 나타난다. 기관장의 관심과 참여를 유도하기 위해 경영평가의 중요성을 인지시키는 일은 경영평가 담당자가 고민해야 할 일이다. **"**

경영평가는 1년간 수행했던 실적과 성과에 대해서 외부의 시각으로 평가하는 것이다. 평가연도 1월 1일부터 12월 말까지 기관에서 있었던 모든 행정행위(경영 및 사업)를 보고서로 표현해야 한다. 앞에서도 언급했듯이 PDCA체계에 따라 계획을 수립하고 실행하며 평가받고 개선계획을 수립해 다음 연도에 반영해야 하는 반복적이고 순환적인 업무이다. 각각의 직무와 사업별로 수행하는 업무에 대한 기본계획을 수립하여 이행해 실적과 성과를 보여주고 이에 대한 검증 및 평가를 받아 그 결과에 따른 개선사항을 찾아야 한다. 이러한 일련의 절차가 의미하는 것은 연초부터 기관의 경영전략과 연계된 기본계획을 수립해야 한다는 것이다. 기본계획에는 기관 차원의 전략과제와 연계된 과업을 도출하고, 목표를 설정해 목표를 달성하기 위한 세부적인 이행계획이 반영되어야 한다.

경영평가는 실적 보고서로 평가받는다. 정부에서 확정한 경영평가 편람에 따라 평가 배점과 평가 방법이 정해져 있고, 이를 근거로 각 기관에서는 항목별 질문에 따른 기관의 이행 실적과 성과를 글로 표현한다. 보고서는 정제된 문구와 함축적인 표현으로 의미를 전달해야 하며, PDCA체계에 따라 계획과 실행, 결과와 개선의 방법으로 보고서를 작성한다. 경영평가편람에는 평가의 의의와 평가절차, 평기실적에 대한 평가기준, 경영실적 평가방법, 평가결과 등 후속조치에 대해서 자세하게 나와 있다. 항목별 배점과 보고서 작성에 대한 세부기준과 질문이 있으며 비계량지표와 계량지표로 구분하여 배점이 정해져 있다.

경영평가는 1년 단위로 평가한다. 1년의 실적을 다음 연도 3월에 보고서 형식으로 정부에 제출하고 제출한 보고서를 평가위원이 3월 또는 4월에 검토한 이후 4월 또는 5월 무렵에 기관을 방문해 현장점검을 하게 된다. 현장 실사까지 마무리되면 6월 말 또는 7월 초에 경영평가 결과가 공개되고 지적사항 및 보완사항에 대한 개선요구를 하게 된다. 해당 사항(지표 및 계획 등)에 대한 개선안을 수립하여 제출하면 해당연도 경영평가는 마무리가 된다. 다만, 앞에서 말했듯이 경영평가는 매년 반복적으로 순환하기 때문에 경영평가 결과가 발표되는 순간에도 해당연도가 평가 기간이 됨을 인식하고 준비하고 대비해야 한다.

〈2023년 기획재정부 공기업 경영평가 평가지표 및 가중치 기준〉

범주	평가지표	계	비계량	계량
경영 관리 (55)	1. 경영전략	9	8	1
	− 리더십	2	2	
	− 전략기획 및 경영혁신	5	5	
	− 국민소통	2	1	1
	2. 사회적 책임	15	8.5	6.5
	− 일자리 및 균등한 기회	5	3	2
	− 안전 및 재난관리	2	1	1
	− 친환경/탄소중립	1.5	1	0.5
	− 상생/협력 및 지역발전	4	2	2
	− 윤리경영	2.5.	1.5	1
	3. 재무성과관리	20	3	17
	− 재무예산관리	3	3	
	(중장기재무관리계획)	(1)	(1)	
	− 재무예산성과	11		11
	(재무건전화계획)	(4)		(4)
	(일반관리비 관리)	(3)		(3)
	− 효율성 관리	6		6
	4. 조직 및 인적자원관리	4	4	
	− 조직 및 인적자원관리 일반	2	2	
	− 노사관계	2	2	
	소 계	55	27.5	27.5
주요 사업 (45)	주요사업 계획 · 활동 · 성과를 종합평가	45	21	24
	소계	45	21	24
합 계		100	48.5	51.5
가 점	공공기관 혁신계획 실행 노력과 성과 가점	5	5	

※자료: 2023년도 공공기관 경영평가편람(기획재정부, 2022년 12월)

• 평가지표 및 가중치는 준정부기관 및 기타공공기관별로 차이가 있으며, 세부적인 사항은 경영평가편람에 자세하게 나와 있음

1) 추진계획

경영평가를 준비하기 위해서는 기획부서 담당자 이외에도 사업부서 담당자도 "어떻게"와 "무엇을"을 고민해야 한다. 전년도에 지적받은 사항을 "어떻게" 개선해서, "무엇을" 계획에 반영할지에 대해 생각이 필요하다. 기획부서 경영평가 담당자는 평가지표별로 담당자를 지정해서 PDCA체계에 맞게 업무계획을 수립하는지를 확인하고 점검한다. 매년 1월 또는 2월 사업부서별로 업무계획을 수립할 때 경영평가 평가지표와 연계해 전년도 지적사항 및 미흡한 사항을 계획에 반영하고 올해 사업목표를 기관의 경영전략과 연계하여 수립할 수 있도록 유도하는 역할을 해야 한다. 그래야 경영평가 보고서를 작성할 때 보고서에 쓸 수 있는 이야깃거리(story telling)가 다양하고 풍성해질 수 있다.

〈경영평가 및 기관경영 연계 구조〉

구분	기관경영	경영평가

Plan	• 중장기계획
	  (경영전략 반영)
	• 연간업무계획
	• 중장기재무/인력계획
		• 주요사업 및 성과지표 선정
		• 세부사업별 목표 설정
		• 직무별 업무분장
		  (기관 자원 배분)

Do	• 부서별/과제별 실행 • 내부성과평가와 연계	• 실행(계획에 따른 이행) • 기관 주변의 대내외 환경변화 대응
Check	• 주기적인 평가와 모니터링 • 경영진 확인 · 점검	• 추진성과 확인 • 기관의 경영체계 달성 점검
Act	• 차년도 업무계획 반영 • 사례 공유 • 내외부 지적사항 조치	• 차년도 계획반영 • 외부 지적사항 조치 등

상호
연계
보완

경영평가 담당자는 경영평가를 준비하기 위해서 사전에 기관의 인력들에 대한 교육을 체계적으로 실시할 필요가 있다. 경영평가에 대한 개념을 숙지시키고 경영평가의 필요성과 당위성을 기관 구성원 모두가 인지한 상태에서 경영평가를 받을 수 있도록 조치하는 것이 담당자의 역할 중의 하나이다. 필요하다면 외부 전문 강사를 초빙해 교육을 시행하고 보고서 작성에 대한 노하우를 전수하기 위해 외부 기관에 내부 구성원을 대상으로 위탁교육을 실시하는 등의 계획을 수립해야 한다. 특히 새롭게 신설된 기관일수록 경영평가에 대해 구성원의 이해도를 높이는 일이 가장 시급하며 전사적인 업무라는 공감대를 만드는 일이 경영평가 담당자가 먼저 추진해야 하는 업무이다.

경영평가를 준비하기 위한 계획은 평가기간(1년) 하반기에 수립하는데 경영평가 준비를 위한 '경영평가 준비 TF팀'을 구성하는 게 핵심이다. TF팀의 역할은 경영평가 보고서를 작성하는 게 주된 임무이다. 보고서를 언제부터 작성하고 어디에서·어떻게 작성할지를 사전 계획에 반영해 공지하고 구성원 모두가 공감하고 동참할 수 있도록 추진계획을 수립해야 한다.

2) 보고서 작성

경영평가에서 가장 중요한 것은 경영평가를 받기 위해 제출하는 보고서이다. 보고서에는 기관의 평가연도 동안 행해진 모든 실적과 성과가 나타나야 하고, 정부가 제시하는 평가지표 상의 내용을 모두 반영해야 한다. 보고서의 특성상 보고받는 사람의 입장에서 보기 좋고 편해야 하며, 사용하는 문구와 용어, 디자인 등이 눈에 익숙해야 좋은 보고서로서 평가를 받을 수 있다. 물론 모든 지표에 해당 부서만의 이야깃거리가 반영되어야 하고 그 속에서 실적과 성과가 잘 나타나야 한다. 보고서는 모든 항목에서 PDCA체계에 따라 작성한다. 평가지표별로 계획을 수립하고 계획에 따라 실행하며 그 결과에 대한 평가를 통해서 개선 또는 미흡한 사항을 찾아내 다음 연도에 다시 계획을 반영할 수 있도록 한다. 말로 이렇게 표현하기는 쉽지만, 막상 보고서를 작성하는 담당자 입장에서는 한 장의 보고서를 작성하는데 며칠 또는 몇 주의 기간이 걸리는 고통의 나날이 될 수 있다.

〈경영평가 평가지표별 세부평가내용〉

1. 경영관리 범주

1 경영전략

(1) 리더십

평가지표		세부평가내용
리더십	지표정의	· 경영계약 목표수준의 적정성 및 이행 노력 · 성과, 구성원 동기부여, 이사회 운영, 경영성과 달성 등 기관장 및 경영진의 리더십을 평가한다.
	적용대상 (배점)	· 공기업 및 준정부기관 : 비계량 2점
	세부평가 내용	① 기관장, 경영계약 과제선정 및 중장기 · 연도별 목표수준의 적정성, 경영계약과 성과지표간의 연계성 제고 등 경영계약상 목표를 이행하기 위한 노력과 성과 ② 이사회 활성화와 실질적인 역할 강화 및 운영 투명성 제고를 위한 기관장과 경영진의 노력과 성과 ③ 대내외 이해관계자(조직 구성원, 고객, 주무기관, 유관기관 등)와 비전 및 전략 등을 공유하고, 조직 구성원을 효과적으로 동기부여하며, 의사소통을 하기 위한 기관장과 경영진의 노력과 성과 ④ 주요현안과제 해결 및 경영성과 달성을 위한 기관장과 경영진의 노력과 성과

*위의 세부평가내용은 경영평가 보고서에 반영해야 하며 연중 성과관리를 해야 한다.

※자료: 2023년도 공공기관 경영평가편람(기획재정부, 2022년 12월)

경영평가 보고서의 시작은 연초 작성하는 업무계획이다. 업무계획에는 사업 부서별 이행계획을 반영하는데 계획 내용에 경영평가를 염두에 둔 지표관리계획이 포함되어야 한다. 비계량지표와 계량지표별 목표를 명시하고 어떻게 이행할지를 구체적으로 반영하면 된다. 실무에서는 경영평가 결과가 6월에서 7월경에 나오기 때문에 경영평가 결과에 따른 지적사항 등을 고려해 연초에 수립한 업무계획을 보완작업 할 수도 있다. 보완 및 수정은 내부 회의(경영진이나 부서장급 이상 참석)를 통해 계획 변경 작업을 해야 한다. 앞에서도 언급했듯이 모든 경영평가의 기본은 계획이다. 계획에 따라 실적이 관리되고 성과를 낼 수 있다는 것을 담당자는 이해해야 한다. 참고로 당연한 얘기지만 실적관리는 연중무휴다.

경영평가 보고서 작성은 일반적으로 평가연도 하반기부터 TF팀을 구성해 분야별 담당자가 편람에 근거해 보고서를 작성한다. 보통 10월부터 TF팀 활동을 시작하는데 12월까지는 기초적인 보고서 틀을 마련하고 다음 연도 1월부터 2월까지 본격적으로 보고서를 작성한다. 기관 대부분에서는 1월 중에 보고서 초안을 마련하고 2월에 여러 번의 수정·보완을 거쳐 보고서를 최종적으로 완성한다. 완성된 보고서는 전문 디자인 업체에 의뢰해 보기 좋게 편집하는데 보통 이 작업이 2주에서 3주 정도의 기간이 필요하다. 편집과정에서 오타 및 오류를 정정하고, 표 또는 그래프 등의 디자인을 진행한다. 편집이 완료된 보고서는 다시 한번 가본 행태로 구성원에게 공유되어 수정사항이나 미흡 점이 없는지 확인·점검한 이후 최종 인쇄본을 출력하여 3월 20일 전후로 정부에 제출하면 보고서 작업은 완료된다.

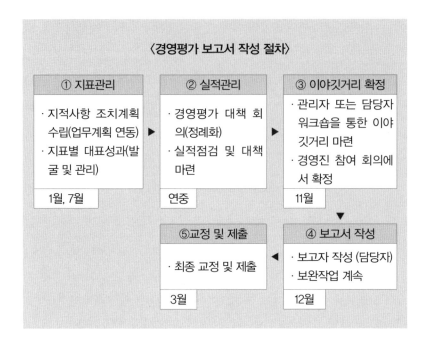

〈경영평가 보고서 작성 절차〉

① 지표관리	② 실적관리	③ 이야깃거리 확정
· 지적사항 조치계획 수립(업무계획 연동) · 지표별 대표성과(발굴 및 관리)	· 경영평가 대책 회의(정례화) · 실적점검 및 대책 마련	· 관리자 또는 담당자 워크숍을 통한 이야깃거리 마련 · 경영진 참여 회의에서 확정
1월, 7월	연중	11월

⑤교정 및 제출	④ 보고서 작성
· 최종 교정 및 제출	· 보고자 작성 (담당자) · 보완작업 계속
3월	12월

❝ 공공기관에서는 경영평가 보고서를 작성하기 위해서 전사적인 노력을 기울인다. 평가지표별로 세부평가내용이 있는데 그 세평마다 의미를 해석하고 어떤 방향으로 보고서를 작성할지는 외부 전문가에게 의뢰하여 자문을 받고 보고서를 작성한다. 자금력이 있는 공기업이나 준정부기관의 경우에는 하나의 지표에 답하기 위해서 여러 외부 전문가를 초빙해 이야깃거리를 만들고 가다듬는 노력을 하고 있다. ❞

3) 경영평가 실사 준비

경영평가 보고서를 기획재정부 또는 주무기관에 제출하면 평가위원의 요구자료에 대응해야 한다. 제출한 보고서를 평가위원이 보고 의문점이나 확인해야 할 사항이 있을 경우 기관에 자료요청을 하기도 한다. 보고서 검토가 완료되면 기관 방문 일정이 확정되는데 평가위원을 맞이할 준비를 해야 한다. 현장실사 수검은 준비단계와 실사 단계로 구분할 수 있다.

(1) 현장실사 준비단계

현장실사를 준비하는 과정은 보고서 제출부터 시작된다. 평가위원은 보고서를 검토하고 추가로 확인하기 위해 자료요청을 하는데 자료요청이 들어오면 신속하게 질의 취지를 이해하고 대응해야 한다. 평가위원의 요구를 제대로 해석하지 못해 엉뚱한 자료를 제출하면 평가위원으로부터 안 좋은 평가를 받을 수 있다. 자료요청 이외의 보고서에 작성된 내용을 증빙할 수 있는 서류를 준비해야 한다. 보고서에는 각종 실적과 성과가 표현되어 있는데 이를 증명할 수 있는 서류가 있어야 한다. 허위에 의한 보고서 작성은 감점 요인이다. 하지 않은 일(실적과 성과)을 확대해서 작성하면 해당기관의 신뢰성에 큰 문제가 생길 위험성이 있다. 있는 사실(실적과 성과)을 잘 표현해 보고서를 작성하는 것이 중요하다.

증빙서류 준비가 완료되면 평가위원을 맞이할 준비를 하게 되는데 기관에서는 대응 시나리오를 작성해 현장실사를 완벽하게 준비하고자 노력한다. 대응 시나리오에는 평가위원의 약식약력과 현장실사 일정별 위원들의 이동 동선, 이동 간 수행할 직원 할당 계획, 시간별 진행순서 및 차량, 배치 인력, 현장별 위치 현황 등을 세부적으로 작성한다. 보통 현장실사 전날에 대응 시나리오에 따라 예행연습을 하는데 환담장과 현장실사 장소 세팅에서부터 예상 질의에 대한 답변 등을 준비하고 연습한다.

(2) 현장실사 수검

평가위원이 기관을 방문하면 주요 보직자나 일부 담당 직원들이 현관에서 평가위원을 맞이한다. 평가위원이 기관에 도착하면 직원들의 환영 속에 환담장으로 들어가는데 환담장에는 기관장과 주요 임원이 평가위원과 준비사항이나 기관 현황 등에 관해서 얘기를 나누고 경영평가에 임하는 기관의 준비 자세를 점검하게 된다. 기관장과의 환담이 종료되면 평가위원은 준비된 실사 장소로 이동하여 평가지표별 담당 부서장과 담당자들과 보고서 내용을 중심으로 질의응답을 하게 된다.

평가위원은 사전에 검토한 보고서 내용에서 궁금한 사항이나 확인할 사항을 질문하게 되고 담당 부서장은 이에 성실히 답변하는 형식으로 실사는 진행된다. 이때 평가위원의 질의에 담당 부서장이 과민하게 대응하는 경우가 있는데 이는 평가를 받는 기본적인 자세가 부족한 것이다. 평가위원과 언쟁하거나 하나의 주제를 토론하는 것은 마이너스 요인이다. 절대로 금해야 하는 행동이다. 평가위원과의 질의응답이 종료되면 현장실사는 완료된다.

> ❝ 평가는 사람이 한다. '내가 환영받고 있다'라는 느낌을 받는다면 사람인 평가위원도 좋을 것이다. 이는 평가를 받는 기관의 태도와도 연결된다. 평가위원에게 기관에 대한 좋은 이미지를 심어주는 것도 담당자의 역할이다. ❞

|　내　부　성　과　평　가　　|

가. 개념설명

　공공기관에서 내부 구성원을 평가하는 방법은 기관마다 다르고 어느 방법이 옳고 그름을 말할 수는 없다. 기관이 추진하는 사업의 성격과 인력구성, 그동안 기관이 걸어온 역사 등에 따라 평가방법은 지속적으로 변경·보완·발전됐기 때문이다. 내부 구성원 모두를 만족시킬 수 있는 평가방법은 없다. 다만 하나의 원칙은 존재한다. 바로 공정성과 수용성이다. 평가는 모든 구성원에게 같은 시기에 같은 방법으로 동일 직급을 대상으로 평가해야 한다. 이런 기본적인 원칙이 흔들리면 평가의 공정성이 훼손되고 내부 구성원의 수용성이 낮아진다. 평가를 믿을 수 없어지게 되는 것이다. 평가결과에 대한 민원과 이의제기가 발생하는 악순환이 반복될 수 있다.

　내부 구성원 평가는 인사부서에서 주관하고 기획부서에서는 부서 단위로 성과평가를 시행하는 것이 일반적이다. 기관의 규모가 큰 공기업의 경우에는 동일 부서에서 평가를 전문적으로 추진하는 예도 있으나, 규모가 상대적으로 작은 기타공공기관에서는 인사부서에 평가체계를 수립하고 기획부서(또는 혁신부서)는 부서 단위 평가를 계량화해 추진하고 있다. 기획부서에서 시행하는 부서 단위 평가는 부서 단위별로 계량지표를 만들어 정량적으로 평가하는 방법이 일반적이다. '실' 및 '부'

단위 부서에서 부서별로 수행하는 업무를 계량 지표화하여 달성 여부에 따라 점수를 부여하는 방식이다. 이때 모든 부서에 공통으로 적용되는 공통지표가 있고, 단위 부서에만 적용되는 고유지표가 있다. 공통지표와 고유지표의 점수 반영 비율은 기관이 처해있는 여건에 따라 다르고 매년 변경되는 경향이 많아서 정형화할 수 없는 어려움이 있다.

〈공공기관 내부 구성원 평가체계(안)〉

근무성적평정				

인사평가(정성평가)			성과평가(계량평가)	
역량평가		업적평가	부서평가	개인평가
공통역량	리더십 역량	개인 업무실적	계량 — 공통지표	목표관리제
			계량 — 고유지표	
직무역량			비계량 — 실적평가(보고서)	

인사부서 영역	기획부서 영역

최종 관리 : 인사부서 영역
(승진 및 보수 적용, 종합관리)

- 인사평가와 성과평가 외에도 교육평가, 가감점평가, 경력평가 등 추가적인 평가요소 반영 가능

  * 인사평가는 기본적으로서 서열평가라고 이해하면 된다. 상위보직자가 개인적인 주관에 따라 각종 역량을 평가하기 때문에 평가대상자의 그간의 업무실적, 근무태도, 주변관계 등을 두루 확인·점검하고 평가해 점수화한다고 이해하면 된다.

- 평가별 점수 반영비율은 기관마다 다르며 어느 부분을 기관에서 중요하게 판단하느냐에 따라 다르다. 초기 기관은 성과지표(계량지표)를 고도화하지 않았기 때문에 평가의 공정성과 객관성을 위해 인사평가 반영 비율을 높일 수 있고, 성과지표를 고도화하여 객관적인 지표 반영 비율을 높이자는 구성원의 의견이 많을 경우 성과평가 비중을 높일 수 있다.

- 성과평가 내 개인평가는 목표관리제(MBO)로 진행하는데 개인별 성과지표를 만드는 일이 어렵기 때문에 일반적인 기관에서는 개인평가에 의한 성과지표는 만들지 않고 있으며 부서평가만 반영하여 성과평가를 진행하는 경우가 대부분이다.

- 인사평가와 성과평가는 승진과 보수 결정에 영향을 미친다. 두 평가의 결과값을 일정한 비율로 합산하여 승진과 보수에 적용할 수도 있고 인사평가는 승진, 성과평가는 보수에만 적용할 수도 있다. 이는 각 기관의 내규에 규정하는데 어느 방법이 합리적인지는 기관의 여건에 따라 결정하면 된다.

나. 실무업무

구성원 평가는 서열을 강제적으로 정하는 업무다. 평가결과[34]가 어떻게 나오든 간에 평가 담당자는 구성원 누구에게도 좋은 소리를 들을 수 없다. 평가결과를 받아들이는 평가대상자의 주관적 판단에 따라 평가결과가 좋을 수도 있고 나쁠 수도 있기 때문이다. 평가결과가 좋게 나온 구성원은 문제를 제기하지 않을 것이고, 평가대상자 개인의 기준에서 결과가 나쁘게 나온 구성원은 자기 자신의 문제라고 생각하기 전에 평가방법과 같이 외부적인 변수에 의해 결과가 나쁘게 나왔다고 생각하는 경우가 대부분이다.

실무경험으로 봤을 때, 지구상에서 모든 구성원을 만족시킬 수 있는 완벽한 평가제도는 없다고 단언한다. 현행과 같은 상대평가 개념에서는 1등부터 꼴찌까지 나올 수밖에 없다. 낮은 결괏값이 나온 구성원은 평가에 대한 불만이 높을 수밖에 없다. 다만, 내부 구성원의 불만을 낮추기 위한 노력은 담당자가 계속해서 추진해야 하는 부분이다.

---

34 개인별 평가등급은 일반적으로 기획재정부 지침에 따라 6등급으로 나눠지는데 최고등급인 S를 시작으로 A–B–C–D–E 등급으로 나눠진다.

등급	S	A	B	C	D	E
지급률	134%	115%	100%	85%	66%	0%
인원	10%	15%	50%	15%	10%	

*6개 등급 구성, 최하위 등급(E) 지급률 0%, 최상위 등급(S) 인원 10% 이상, 최저 등급(E) 및 차하위 등급(D) 인원 합계 10% 이상, 등급별 인원 50% 초과하지 않도록 규정(자료 : 2023년 공기업·준정부기관 예산운용지침)

승진이나 보수의 차등이 내규에 명시되어 있는 공공기관에서는 분별력 있는 평가체계를 마련해야 한다. 내부 구성원의 동기부여 측면에서도 조직 내 평가에 의한 서열은 존재해야 한다. 서열을 나누기 위해서 평가를 하는 것이기 때문이다. 다만 평가 결과를 얼마나 수용하는지는 또 다른 문제이다. 평가결과는 상대적이기 때문에 내가 경쟁자보다 낮은 평가결과를 받으면 무조건 평가방법이나 다른 요인 등을 문제 삼는 경우가 허다하다. 이의제기는 매년 반복적으로 일어나는 일로 담당자 입장에서는 매년 발생하는 태풍과 같은 자연스러운 자연의 현상과도 같은 일이다. 평가업무가 힘들다는 것은 이런 이유에서다. 내부 구성원의 의견을 반영해서 제도를 설계해도 서열을 나눠 등급으로 구분하는 평가의 특성상 평가업무를 담당하는 담당자는 고난의 연속이라는 것을 이해하면 좋을 듯하다.

성과평가는 인사평가와 다르게 업무를 계량적으로 수치화하여 평가하기 때문에 공정하다고 할 수 있다. 그만큼 어느 성과를 지표로 만들고 다른 지표에 비해 타당하고 객관적으로 설정하는지가 관건이다. 그래서 성과지표는 외부 전문가를 통해 난이도에 대한 검증을 받는 것이 좋다. 성과평가는 계량지표(공통/고유)에 의한 평가와 함께 부서 단위 실적을 비계량으로 평가한다. 경영평가 보고서 작성법에 따라 부서별로 실적보고서를 작성하고, 그 보고서를 기준으로 성과편람[35]에 명시되

---

35 성과평가를 하기 위해서는 성과편람이라는 지침을 내부적으로 만들어 사전에 내부 구성원에게 공유해야 한다. 편람에는 평가체계와 성과지표, 지표별 반영점수를 명기하고 외부 전문가에 의한 부서평가 기준과 세부평가방법, 평가 기준을 명확하게 작성하여 모든 내부 구성원이 성과평가 기준에 대해서 인지한 후에 평가를 시행하고 결괏값을 찾아낸다.

어 있는 채점표에 따라 평가위원이 점수를 부여하는 방식으로 평가를 진행한다.

성과지표의 난이도와 타당성을 심의하기 위해 성과평가심의위원회를 구성하는 경우가 대부분이다. 위원회는 외부 전문가뿐만 아니라 내부 구성원도 참여하기 때문에 내부 구성원의 소속에 따라 성과지표의 평가 결과가 달라질 수도 있다. 그만큼 민감한 문제이기 때문에 성과지표를 내부 구성원이 난이도와 타당성을 검증하고 지표의 서열을 나누는 일은 쉬운 일이 아니다. 내부 구성원이 참여해 성과지표의 상대적 가치를 검증한 사례를 없다고 보면 될 것이다. 그만큼 어려운 일이고 의견일치를 보지 못하는 어려운 일이다. 성과평가심의위원회는 내부 구성원과 외부전문위원을 적절하게 배분해 구성하고, 성과지표에 대한 검증보다는 성과평가 체계와 방법 등에 대해 확정하고 세부 지표별 난이도와 타당성은 다른 방법으로 보완하는 방법을 찾는 것이 현실적이다.

❝ 성과지표를 어떻게 설계하느냐는 성과평가의 성패를 결정하는 가장 중요한 문제이고 내부 구성원 간에도 첨예하게 대립할 수 있다. 직무의 상대적 가치를 나눈다는 것은 그 자체가 어려운 일이다. 기관의 모든 업무는 차례대로 진행되면서 연결되어 있어서 한 직무에서 제한사항이 발생하면 일 자체가 성과를 내기 어려워지는 구조이다. 함께 협력해서 과업을 수행해야 유기적인 조직이 운영되기 때문에 성과지표를 설계하고 제도를 만드는 일이 그만큼 어렵고 이해관계자들의 협의를 끌어내기가 힘들다 실무에서는

이러한 어려움을 이해하고 다른 기관의 사례와 외부 전문 컨설턴트의 자문 등을 통해 내부 구성원이 동의할 수 있는 성과지표를 만들고 지속적으로 고도화할 수 있도록 해야 한다. **"**

성과평가는 1년 단위(1월 1일부터 12월 31일)로 진행하며 1년간의 부서 성과를 성과지표와 부서 실적으로 평가한다. 업무는 계획수립에서부터 성과지표 설계, 성과편람 제작, 전 직원 공유, 지표 이행, 평가 진행 및 결과 도출의 순서대로 업무를 진행한다.

1) 계획수립

모든 업무를 수행하기 위해서는 기본계획을 수립해야 한다. 성과평가는 1년 단위로 부서평가를 진행하기 때문에 연초 평가를 어떻게 진행할 것이고 무엇을 가지고 평가할 것인지를 계획에 반영해 내부 구성원에게 공유해야 한다. 담당자는 추진방향과 일정, 세부적인 평가방법 등을 계획에 반영하고 기관장에게 내부 결재를 받아 확정한다. 확정된 계획을 공문이나 내부 게시판 등을 통해 구성원에게 공지한다.

" 기본계획을 수립할 때 내부 구성원의 의견을 수렴하는 절차를 걸치는 게 중요하다. 어차피 평가는 구성원의 수용성이 중요하기 때문에 기본계획부터 내가 평가에 동참하고 있다는 인식을 주는 게 중요하다. 처음부터 기관에서 추진하고자 하는 방향을 인식하는 게 업무를 추진하는 담당자 입장에서는 내부 구성원의 이해도를 높이기에 좋기 때문이다. 확정된 기본계획은 공문으로도 공유하지만 필요하다면 전체 구성원을 대상으로 공개적인 설명회를 할 필요도 있다. 평가라는 것이 평가대상자가 제도를 제대로 이해하면 그만큼 수용성이 높아지고 좋은 결과를 얻기 위해 스스로의 방법으로 노력하기 때문이다. 평가제도를 제대로 이해하지 못하면 내가 어떻게 해야 하는지도 모르는 경우도 많다. 개인이 평가제도를 잘 이해 못해서 안 좋은 결과가 나오면 평가제도 탓을 하든가 아니면 평가 담당자를 뒷담화하는 일이 많아서 되도록 공개적으로 내부 구성원의 목소리를 듣고 반영하는 게 담당자 입장에서는 좋다. **"**

기본계획에는 ① 목적과 추진 근거, ② 추진방향, ③ 성과평가체계, ④ 평가시기 및 대상, ⑤ 평가지표 체계 및 세부평가내용, ⑥ 평가방법(지표별, 위원회 구성 등), ⑦ 평가점수 산정방법, ⑧ 향후계획 순서로 작성한다. 계획 내용은 기관마다 다를 수 있어서 기관의 상황에 따라 작성하면 된다. 핵심적으로 포함되어야 할 사항은 평가를 어떻게 무엇을 가지고 할지에 대한 부분이 명확하게 계획에 반영되어야 한다.

한국공공기관관리원 '00년 성과평가 추진계획(안)

■ 개요
- (목적 및 배경) 성과관리를 통해 조직과 개인의 역량을 집중하여 관리원의 미션과 비전 달성을 위한 전략과제의 실행력을 강화하고
  - 객관적이고 공정한 성과평가체계를 마련하여 성과 중심의 조직문화 정착 및 보수 책정에 활용하기 위함
  * 추진근거 : 한국공공기관관리원 「인사규정」 제00조

■ 추진방향
- 현실성 있는 성과관리 및 평가운영
- 관리원의 00년 경영목표 달성을 위한 과제 중심형 성과지표 설정 및 평가
- 외부 전문가 참여를 통한 평가의 공정성 확보 및 효율성 제고
- 성과평가 수용성 제고를 위한 조직 내 의사소통 활성화

■ 평가체계
가. 성과평가(부서평가+개인평가)
- (부서평가) 00년 경영목표에 따른 실적을 체계적이고 종합적으로 평가할 수 있도록 ① 전사공통과 ② 부서고유 성과지표(계량)로 평가하고 경영평가와 연계해 비계량 실적평가 병행 추진
  - 성과지표에 의한 평가는 전사공통지표와 부서고유지표로 구분하여 실시

구분	주요 평가 내용	평가단위
전사공통	관리원 모든 구성원이 전사적으로 협력해 성과를 달성해야 하는 업무평가	'본부' 또는 '실' · '처' 단위 평가
부서고유	주요 사업별 계획 및 활동, 성과를 종합적으로 평가	'부', '팀' 단위 평가

  * 성과지표(공통지표, 고유지표)는 관리원의 '00년 경영목표와 연동하여 설정하고 00년 성과편람에 구체적으로 반영
  - 비계량 실적평가는 경영평가 방식으로 부서별 평가보고서 작성 후 외부전문가 실사를 통해 평가
    * 비계량평가 방법 및 세부평가기준 등은 성과편람에 반영
- (개인평가) 개인평가는 개인별 목표관리제를 도입하여 개인별 성과지표를 설정하여 추진. 다만, 타 기관 사례를 분석한 결과 실시 여부 및 시기는 재검토(00년은 미실시)
  * 유사기관 사례 검토 결과, 개인성과평가를 진행하는 기관은 없었으며 그 이유는 개인별 성과관리지표를 설정하는데 제한적 요소가 많아 미실시

나. 평가방법 "생략"

■ 지표구성(안)

평가지표		평가배점			비고	
구분	지표명	기획실	관리실	사업실	(평가방법 및 주체)	
합계		100	100	100	방법	주체
전사 공통	1. 사업집행률	7	10	10	계량	회계부
	2. 의무교육이행률	PA	PA	PA	계량	교육부
	"중략"					
	소계	30	30	30		
부서 고유	1. 부서지표	30	30	30	계량	계량평가반
	2. 업무실적	40	40	40	비계량	외부전문가
	소계	70	70	70		

* A(penalty)는 미달성시 감점(전체 배점 기준 · 점수 부여) 세부적인 내용은 성과편람 시 성과지표에 반영

* 세부적인 지표에 대한 상세설명은 성과편람 성과지표별 내역서에 반영

■ 평가시기 및 대상

• 평가대상기간 : 2000년 1월부터 12월까지
• 평가기간 : 2000년 1월 예정
• 평가대상 : 모든 부서(5실, 2처, 2센터, 19부)
• 평가방법 및 점수

구분	성과평가		적용방법
	부서평가	개인평가	
실장, 처장	○	×	전사공통지표 + 소속부서고유지표 및 소속 부서평가 비계량실적평가 점수 평균
부서장	○	×	전사공통지표 + 부서고유지표 및 비계량실 적평가 점수
부서원	○	×	전사공통지표 + 부서고유지표 및 비계량실 적평가 점수

■ 향후일정 "생략"

※ 구체적인 내용은 기관에 따라 작성할 수 있으며 필수적으로 반영되어야 할 사항 만 반영함

2) 성과편람

　성과평가를 하기 위해서는 내부 구성원이 이해하기 쉽게 평가체계를 설명할 수 있는 편람 즉 가이드라인이 있어야 한다. 편람에는 기관의 평가체계 전반에 대한 설명과 평가에 따른 배점, 평가 세부 지표 등을 반영한다. 성과편람은 내부 구성원이 성과평가를 받기 위한 기본적인 설명서로 편람을 읽어보면 내가 무슨 노력을 하고 어떻게 해야 하는지의 행동방법을 쉽고 이해하기 편하게 제작해야 한다.

　성과편람은 매년 개정되는데 해당연도의 핵심적인 이슈나 기관장의 경영방침, 정부의 정책 방향 등의 영향을 받는다. 그에 따라 성과지표나 지표 내 세부적인 기준이 변경될 수 있고 내부 구성원의 요구에 따라 배점이나 체계의 변동도 발생할 수 있다. 편람을 제작하는 시기는 해당연도의 1분기 내 제작하는 것이 일반적인데 기관의 상황에 따라서는 전반기 또는 3분기에 완료하는 예도 있다.

> **"** 성과편람은 매년 작성한다. 기관의 평가체계를 내부 구성원에게 알리고 잘 적응해서 좋은 성과를 낼 수 있도록 하는 설명서로 내부 구성원의 동의나 의견수렴 없이 전년과 크게 변경하거나 수정할 수는 없다. 성과편람이 변경되는 이유는 전년도 평가결과 지표상에 문제가 있어 이를 보완하거나 기관장의 교체와 정부의 정책 방향이 변화되었을 때 이를 능동적으로 대응하기 위해 성과지표를 개정하는 것이 일반적이다. 가령 정부가 바꿔서 경영평가 지표가 변경되거나 가중치와 배점에 변화가 있으면 이에 대응하기

위해 기관의 성과지표나 평가체계가 바뀌는 것이다. **"**

성과편람은 담당자가 초안을 작성한다. 담당자는 들어가기 부문(개요)에서 평가 전반에 대한 개념과 목적, 관련 근거, 평가체계, 용어, 추진 일정 등을 기술한다. 들어가기 부문이 완료되면 평가제도 운용 전반에 관해서 설명해야 한다. 이 부분에서 평가방법과 절차, 점수 산정, 이의신청제도 등 평가제도 전반에 관해 설명하고 마지막으로 성과지표에 관련해 구체적으로 서술한다. 이때 기관의 경영전략체계를 기술하고 기관의 전략체계와 연계된 성과지표를 설정할 수 있도록 전략체계를 수립한 배경과 목적, 의미와 정의를 말해야 하고 그 후술로 부서별 성과지표를 구성하면 된다.

내부 구성원의 의견을 받아 성과편람 초안이 완료되면 내부 절차에 따라 결재받아야 한다. 성과편람의 완성도와 객관성을 확보하기 위해서 보통 성과평가심의위원회라는 협의제 기구를 만들어 성과편람을 심의하고 기관장 결재를 받아 성과편람을 확정한다.

성과평가심의위원회는 내부위원과 외부위원으로 구성하는데 위원장은 기관장, 내부위원은 임원급에서 참석하고 외부위원은 교수나 관련 업무 전문가로 구성한다. 위원회에서는 성과지표 하나하나에 대해 심의하지는 않고 성과평가에 대한 전반적인 체계, 반영 비율 등에 대해서 심의하고 성과지표에 대한 난이도와 타당도는 별도의 심사표에 의해 비계량적으로 판단하는 것이 일반적이다.

❝ 성과지표에 대한 난이도와 다른 지표와의 상대적 가치를 판단하기는 어려운 일이기 때문에 외부의 시선에서 평가하는 것이 좋은 방법이다. 그래서 성과평가에서 계량평가가 있고 부서의 실적을 보고서로 평가하는 비계량평가를 반영하는 것이다. 비계량평가를 통해서 평가심사표에 성과지표의 타당성과 중요도, 난이도를 검증할 수 있게 반영하고 그 반영 비율(점수)에는 기관이 어느 부분을 중요하게 생각하느냐에 따라 결정하면 된다. 앞에서도 서술했듯이 정답은 없으며 평가의 방법 및 절차 등은 내부 구성원의 합의가 가장 중요하고 공유를 어떻게 하느냐가 좋은 제도를 설계하는 첫걸음이라고 본다. **❞**

성과편람이 성과평가심의위원회에서 심의의결되고 기관장이 최종적으로 결재를 하면 내부 구성원에게 관련 사실을 공지하고 성과편람을 공유해야 한다. 공문으로 각 부서에 발송하고 책자로 제작해 각 부서에 나누어 주면 성과평가를 위한 사전 작업은 완료된다.

〈한국공공기관 2000년 성과평가편람 목차 안〉

1. 개요	2. 성과평가제도 운영	3. 성과지표 구성
1) 성과평가의 목적 2) 관련 규정 3) 평가체계 4) 성과평가 추진일정 5) 용어의 정의	1) 성과평가 개요 2) 평가방법 3) 평가절차 4) 최종 평가점수 산정 및 활용 5) 이의제도 6) 기타 행정사항	1) 한국공공기관관리원 전략체계 2) 전략과제와 성과지표의 연계체계 3) 성과지표 구성 체계 ※붙임: 1. 관련 양식 및 세부평가내용 2. 성과지표별 정의서 및 세부기준

– 성과편람은 기관에 따라 부르는 명칭이 상이하고 내용도 다르기 때문에 기관의 여건에 따라 내용을 재구성하면 된다. 성과편람 작성의 표준적인 기준은 없지만 편람을 만들어야 하는 이유는 명확하다. 내부 구성원들에게 평가제도에 대한 이해를 구하고 평가방법 및 절차에 대한 기준을 사전에 공유하여 평가가 공정하고 객관적으로 진행될 수 있도록 하기 위함이다. 이러한 목적을 달성하기 위해서 성과편람의 내부 구성은 기관의 목적에 맞게 설계하면 된다.

〈한국공공기관 2000년 성과지표(공통지표) 사례 안〉

지표명	의무교육 이수율				
지표정의	법정의무교육을 이수 여부를 점검하여 관련 부서별 법령 준수 및 교육 참여에 대한 성과를 평가				
지표관리	인사부	지표 책임자	인사부장	지표 관리자	교육 담당자
지표성격	■ 공통 □ 고유 ｜ ■ 계량 □ 비계량	비중 (점수)	5	평가 방법	목표대비실적 (달성도)

평가 기준 · 내용

▶ 평가내용(목표치)

• 법정의무교육 이수율

• 법정의무교육 대상현황

① 성희롱 · 성폭력예방교육, ② 산업안전보건교육

③ 장애인인식개선교육, ④ 퇴직연금교육

⑤ 개인정보보호교육 ⑥ 청렴 · 윤리교육(인권포함)

▶ 평가산식

Σ (교육횟수 × 부서교육참석대상) ÷ Σ 부서참석자 × 100

* 부서 인원에서 중도퇴사자는 제외하며, 중도입사자는 입사 후 교육 시행 여부를 고려하여 인원 집계

▶ 평가점수

평가점수(득점) = ①+②+③+④+⑤

의무교육 이수율	100%	100% 미만 95% 이상	95% 미만 90% 이상	90% 미만
점수	5	4	3	1

* 이수율이 80% 미만일 경우은 0점 처리

▶ 평가자료 및 특이사항

• 평가자료 : 각 교육별 결과보고서(교육이수 인원 포함)

• 본 지표는 전 부서에 공통으로 적용되는 공통지표임

• 본 지표는 1월부터 12월 중에 실시되는 법정의무교육 6개 교육을 기준으로 참석대상자와 부서 참석자 비율로 평가함

• 법정교육 이수율이 80% 미만인 부서는 부서 '경고' 조치

  * 개인별 법정교육이수율이 80% 미만인 직원은 개인 '경고'조치하고 별도의 특별 교육 추진

• 법정의무교육은 반드시 이수해야 함(100%)

<한국공공기관 2000년 성과지표(부서 고유지표) 사례>

지표명	직원 정·현원차 비율				
지표정의	효율적인 인력운영(예측가능한 인력관리)을 위해 적정인력이 항시 근무할 수 있는 여건을 조성하고 결원인력을 신속히 충원히기 위함				
지표관리	인사부	지표 책임자	인사부장	지표 관리자	채용 담당자
지표성격	■공통 □고유	■계량 □비계량	비중 (점수)	10	평가 방법	목표대비실적 (달성도)

▶ 평가내용(목표치)

연간 직원 정원대비 현원 비율(98%)

* 직원 정원(일반직과 운영직을 말함)
* 정원 250명(일반직 200명, 운영직 50명)

▶ 평가산식

① Σ월말 직원 정·현원차 ÷ 12 × 100

　* 월말 직원 정·현원차 : 월말 직원 현원 ÷ 직원 정원

▶ 평가점수

평가점수(득점)

정현원차 (비율)	98% 이상	98% 미만 95% 이상	95% 미만 90% 이상	90% 미만
점수	10	9	8	6

* 80% 이상 정현원차가 발생 할 경우, 0점 처리

▶ 평가자료 및 특이사항

• 평가자료 : 월별 직원 현황 자료 등
• 본 지표는 인사부서 고유지표임
• 본 지표는 1월부터 12월까지의 정·현원차을 월말을 기준으로 합산하여 작성한다.
• 본 지표는 도전적인 지표로 유사기관 정·현원차는 평균 95% 내외임
• 본 지표는 올해 처음 적용하는 지표로 다음해 부터는 올해 결과를 바탕으로 전년 대비 목표비율을 설정예정임

(좌측 세로 셀: 평가 기준·내용)

3) 평가 진행 및 결과 도출

성과평가는 1년을 주기로 진행한다. 1월부터 12월까지의 부서 실적을 성과지표를 근거로 전사적인 공통지표와 부서에만 해당하는 고유지표로 계량화하여 평가한다. 이와 더불어 부서의 실적(비계량 실적 및 성과)을 경영평가와 연계하여 보고서로 작성한 후 외부 전문가(또는 내부 위원)에게 평가받는 형식으로 비계량 평가를 시행한다.

성과지표에 의한 평가는 사전에 공지한 성과지표 산식에 따라 해당 부서에서 점수화해 기획부서 담당자에게 제출하고, 기획부서는 그 결괏값을 종합해 최종적으로 인사부서에 전달한다. 성과평가 결과는 진행 중에 사전 유출되면 내부적으로 분란이 발생할 수 있어 담당자는 특별히 보안 유지에 신경을 써야 한다.

❝ 부서평가에서 비계량평가는 기관마다 다양한 형태로 진행한다. 부서장이 1년간의 실적을 평가위원 앞에서 발표를 통해 점수화하는 예도 있고 경영평가 시스템을 도입해 부서 실적을 경영평가보고서 형식으로 작성해 외부 전문가가 사전에 평가하고 실사를 통해 확인해 점수화하는 방법도 있다. 앞에서도 말했듯이 평가방법은 정답도 없고 있을 수도 없다. 다만 어느 방법이 더 괜찮냐의 문제이기 때문에 내부 구성원 간의 합의로 최선의 방법을 찾는 노력이 중요하다. 어차피 내가 평가를 받는 것이고 평가 결과에 대한 수용도 내가 하는 것이기 때문이다. 평가 결과는 승진에서부터 보수까지 연동되기 때문에 담당자뿐만 아니라 내부 구성원 모두가 평가방법에

대한 이해도를 높일 필요는 있다. 아는 만큼 좋은 결과를 얻을 수 있기 때문이다. 업무에 성과가 좋은 것과 평가를 잘 받았다는 것은 분명한 차이가 있다. 이런 점을 인지해야 평가에서 좋은 결과를 얻을 수 있다. **"**

05
대관(對官)업무

가. 개념설명

공공기관은 설립 근거법에 따라 만들어지고 법령에 따라 운영되며 설립목적에 따른 고유목적사업을 추진한다. 정부로부터 예산을 지원받아 사업을 추진하는데 정부 예산 또는 법령에 근거한 독점적 사업을 추진한다는 것은 국민의 감시를 받는다는 것을 의미한다. 공공기관이 집행하는 예산이 적절하게 목적에 맞게 집행됐는지를 점검하고 확인하는 임무가 바로 정부와 국회에 있다는 것이다. 공공기관은 정부와 국회를 대상으로 우호적 관계를 유지하기 위해 대관업무를 수행하는데 기획부서에서 이와 같은 업무를 수행한다.

공공기관은 중앙정부의 산하기관으로 주무기관과 기획재정부의 관리하에 있다. 정부에서는 예산을 편성하거나 기관이 투명하고 효율적으로 운영되고 있는지를 확인하고 점검할 수 있도록 법령에 근거 조항을 마련하고 있다. 즉 이사회에 주무기관 국장급이 당연직으로 참여하여 기관이 올바른 방향으로 운영되는지를 확인하고, 정기적인 감사를 통해서 공조직으로서 적절하게 기관이 운영되고 있는지 확인하게 된다. 국회에서는 예산이 올바른 방향으로 집행되는지를 확인하고 국정 감사를 통해서 기관이 본래의 역할을 충실히 수행하고 있는지를 국민의 눈높이에서 확인·점검하게 된다. 이러한 과정에서 공공기관은 정부와 국회와의 원활한 소통을 위해 대관업무를 수행하는데 기관에 대한 각종 질의나 대응을 대관업무 담당자가 수행하고 있다. 세부적인 사업이나 경영과 관련해서는 해당부서에 전달하고 답변을 받아 정부와 국회에 전달하는 역할을 수행한다.

대관업무 담당자는 정부와 국회의 이해관계자와 원만한 관계를 유지하며 기관을 알리기 위해서 보고 및 설명을 지속적으로 실시해야 한다. 조직이란 사람과 사람이 모여 단일 목표를 달성하기 위한 모인 집합체이다. 조직과 관련된 이해관계자[36]와의 원활한 관계 유지를 위해 사전에 노력하는 것이 일반적이다. 사람과의 관계를 형성하는 업무이기 때문에 이해관계자와 지속적으로 만나고 찾아가 기관을 알리는 업무를 주로 하게 된다. 이해관계자와 기관 간의 윤활유 역할을 한다고 보면 된다. 그래서 대관업무 담당자는 친화적이고 대인관계가 원만한

---

36 공공기관의 이해관계자는 기관의 성격에 따라 다를 수 있는데 우선 주무기관과 기획재정부, 국회 소속 상임위원회 국회의원이 있다. 그 외에는 언론과 지방자치단체가 있을 수 있고 기관 사업과 관련된 각종 협회나 단체, 시민단체들도 공공기관의 이해관계자라 할 수 있다. 공공기관은 공조직의 성격이 강하기 때문에 對 국민을 대상으로 사업을 추진하기 때문에 궁극적으로 대국민 서비스를 하는 기관이라고 생각하면 된다. 국민을 직접적으로 대응할 수노 있지만 국민을 내신해 목소리를 낼 수 있는 모든 단체나 협회, 언론기관, 시민단체, 공조직(정부와 국회 등)이 이해관계자라고 생각하면 된다.

직원들이 업무를 담당하며 기관에 대한 전반적인 상황과 여건을 잘 이해하고 있는 직원이 그 직을 수행한다.

나. 실무업무

대관업무의 핵심은 '만남'과 '조율'이다. 대관업무는 용어에서도 알 수 있듯이 관을 상대로 업무를 수행하는 것이 기본적인 업무이다. 최근에는 이 개념이 확대되어 관(官) 이외의 이해관계자까지 대관업무를 담당하는 직원이 대응하고 있다. 관 이외의 이해관계자라 하면 기관 사업과 관련된 각종 이익집단과 언론, 시민단체 등이 이에 속한다.

1) 對 정부업무

공공기관에서 정부 관련 업무는 주무기관과 관련된 업무를 조율하고 보고하며 설명하는 것이 주요 업무이다. 주무기관에는 기관을 관리하는 담당 공무원이 있다. 공공기관은 법인이기 때문에 법인을 관리하는 담당 공무원이라고 생각하면 된다. 기관과 관련된 전반적인 사항에 대해서 관리하고 기관 운영에 문제가 발생하지 않도록 사전 조율과 협의를 지속해 진행한다. 주무기관 내 다른 부서와 협력할 사항이 있으면 다른 부처와 연결해주거나 기관의 상황을 대변하는 역할도 법인 담당 공무원이 한다.

❝ 주무기관 법인 담당 공무원은 기관 전반에 관해서 관리하며 기관이 올바른 방향으로 발전할 수 있도록 도와주는 역할을 한다. 기관 내규에 따라 주무기관 장관의 승인이 필요한 사항을 담당 공무원이 사전에 검토하여 승인 여부를 판단하며 예산편성 시 1차적으로 법인 담당 공무원이 기관과 사전협의를 통해 부처 안에 반영될 수 있도록 같이 노력한다. 그래서 대관업무 담당자는 평소 주무기관 법인 담당 공무원과 친분관계를 유지하는 것이 중요하다. **❞**

주무기관 외에도 공공기관은 기획재정부와 긴밀한 관계를 유지해야 한다. 기획재정부는 「공공기관의 운영에 관한 법률」에 따라 공공기관의 예산과 조직, 경영평가, 임원 선임 등 전반적인 사항을 관리하고 있다. 대관업무 담당자가 기획재정부와 관련된 업무를 모두 수행할 수는 없지만 예산과 조직(정원) 관련 업무를 수행할 때 기획재정부 담당 공무원에게 기관의 여건과 상황을 설명하고 이해를 구할 수 있는 기회를 만드는 것이 대관업무 담당자 또는 관련 업무 실무자의 역할이고 능력이라고 할 수 있다.

2) 對 국회업무

대관업무 담당자의 가장 중요한 업무는 국회 관련 업무라 할 수 있다. 대부분 공공기관은 설립 근거법이 있고 법이 제개정되기 위해서는 국회에서 입법이 완료되어야 한다. 그리고 국회는 기관 예산의 집행 및 결산에 대한 심의와 공공기관에 대한 감사를 할 수 있어서 국회 상임위원회에 소속된 국회의원실과의 관계는 기관 입장에서는 매우 중요하다. 대관업무 담당자는 국회에서 요구하는 각종 질의에 대한 답변을 기관 차원에서 정리하여 제출하고 국회의원실을 찾아가 설명할 수 있는 기회를 만들어야 한다. 국회의원의 발언 한마디 한마디가 기관에는 지대한 영향을 미치기 때문에 기관에 대한 부정적인 이미지를 가지지 않도록 사전에 국회의원실과 원만한 관계를 유지하도록 노력해야 한다.

❝ 국회는 국민을 대신해 행정부를 감시하고 국민을 위해 일을 하는지 확인하는 기능을 수행한다. 공공기관도 중앙부처 산하기관으로 국회의 감시를 받는 기관이다. 그래서 국회의 국정감사 대상에 포함되고 국회의원의 질의에 성실히 답변해야 하는 의무가 있다. 국회의 정기감사는 보통 9월 말에서 10월 말까지 진행되며 소속 상임위원회별로 공공기관이 국정감사를 받는 일자는 다르지만, 국정감사에 필요한 자료 요구는 보통 8월 말에서 9월 말까지 진행되면 9월 중에 대관업무 담당자는 의원별로 요구자료를 정리해 상임위원회 지침에 따라 의원실별로 제출 일자에 맞게 제출해야 한다. **❞**

❝ 국정감사는 연간 1회 실시되는 중요한 행정업무로 국민에게 기관이 감사받는 것과 같다. 기관에서는 모든 행정역량을 동원하여 국정감사를 수검받을 준비를 하는데 기관장이 국회 상임위원회에 직접 증인으로 참석하여 기관 현황에 대해 보고하고 국회의원 질의에 대답한다. 기관장이 국회의원 질의에 성실히 답변할 수 있도록 담당자 사전 질의 내용을 확보하는 노

력을 해야 한다. 사전에 입수된 질의에 대해서는 적정한 답변을 준비해 기관장에게 제공하고 입수하지 못한 질의에 대해선 현장에서 즉각적으로 대응하기 위해 기관과 관련된 예상 질의를 내부적으로 준비해 만일의 상황에 대비한다. 또한 기관 현황을 통계자료로 최신화하여 기관에 대한 세부적인 통계(숫자로 된 현황자료) 관련 질의에 능동적으로 대응할 수 있도록 준비해야 한다. **"**

국회는 상임위원별로 국회 소속 공무원이 있다. 공공기관 예산집행과 법안 등에 관한 확인과 검토를 해당 공무원이 담당하기 때문에 국회 소속 공무원과의 관계도 중요하다. 기관의 설립 근거법을 개정할 때 상임위원회 소속 공무원의 검토보고서는 중요한 역할을 한다. 대관업무 담당자는 해당 국회 공무원에서 사전에 법 개정안에 대한 충분한 설명과 증빙서류를 제시하고 이해를 얻는 작업을 해야 한다. 예산결산도 해당 국회 공무원이 작성하는 검토보고서가 결정적인 역할을 하기 때문에 이에 대해 적절하게 대응해야 한다.

3) 對 언론 및 각종 이익단체

언론 및 이해관계자와의 관계는 기관별로 담당자가 있기 때문에 대관업무 담당자가 직접적으로 업무를 주관해서 수행하는 일은 거의 없다. 다만, 대관업무의 특성상 다수의 사람을 만나고 이해관계를 조율하는 업무를 수행하다 보면 친분관계가 형성된 사람이 많이 있을 수 있다. 정부와 국회 관련 업무를 수행하다 보면 정부와 국회 출입 기자와의 관계도 형성될 수 있고 기관 홍보 및 대외적 이미지 향상을 위해 언론과 친분관계를 유지해야 할 필요성도 있다. 대부분 대외협력부서 또는 홍보부서에서 언론 관련 업무를 담당하지만, 기관 내 대관업무 실무자와 대외협력부서 담당자는 지속적인 협력을 통해서 기관이 대외적으로 좋은 이미지를 가질 수 있도록 노력해야 한다.

기관 설립목적에 따라 기관마다 직무와 관련된 이해관계자들이 발생한다. 그 형태가 협회와 단체일 수도 있고 비영리법인일 수도 있다. 다양한 형태의 이해관계자가 있을 수 있는데 이들과의 관계를 통해서 기관에서 얻을 수 있는 성과를 높이기 위해서 대관업무 담당자는 별도의 업무 리스트를 작성하여 어떻게 이들과의 관계를 형성할지에 대해서 고민하고 추진계획을 수립해야 한다. 기관이 대내외적으로 내실 있고 성과 있게 운영될 수 있도록 이해관계자와 좋은 관계를 유지하면 사업적으로도 많은 도움을 받을 수 있고 기관의 대외적 이미지 향상에도 좋은 영향을 미치기 때문에 대관업무 담당자는 항상 이해관계자 리스트를 최신화 관리해야 한다.

대관업무는 담당자만이 수행하는 업무가 아니다. 기관 차원에서 전사적인 대응을 하는 업무로 담당자는 이해관계자와의 친분관계를 유지하고 분야별 업무 담당자가 이해관계자와 만날 때 업무가 원만하게 진행될 수 있도록 윤활유와 같은 역할을 수행해야 한다.

06
이사회 운영 및 내규관리

| 이 사 회 운 영 |

가. 개념설명

공공기관은 설립 근거법 또는 정관에 '이사회'라는 기관 최고 의사결정기구를 두고 구성과 역할에 관해서 규정하고 있다. 이사회는 공공기관의 중요한 의사결정을 하는 기구로 기관장이 독단적으로 기관을 운영하지 않고 투명하고 올바르게 기관을 운영할 수 있도록 함께 고민하고 해결방안을 모색한다. 공공기관 기관장은 이사회 의장 역할을 수행하고 구성은 상임이사와 비상임이사로 구분하며 비상임이사는 당연직 비상임이사(주무기관 담당 국장 또는 기관의 설립지역 지방자치단체 부시장급 인사)와 임기가 있는 선출직 비상임이사가 있다. 또한 투명한 기관의 업무수행과 예산집행을 확인·점검하기 위해 감사를 두는데 규모에 따라 상임감사(감사위원)와 비상임감사를 의무적으로 두게 관련 법에 명시되어 있다.

공공기관은 기관의 규모에 따라 기관장과 상임이사, 비상임이사·감사의 임면권이 다른데 대부분 설립 근거법이나 정관에 이를 명시하고 있다. 일반적으로 준정부기관 이상은 대통령이 임명하고 규모가 작은 기타공공기관은 주무기관 장관이 기관장을 임명한다. 상임이사는 기관장이 임명하고 비상임이사는 주무기관 장관이 임명하는 것이 일반적이다. 감사는 기획재정부 장관이 임명하며 경우에 따라서는 주무기관 장관이 임명하는 예도 있다. 공공기관 임원의 임면에 관한 사항은 「공공기관의 운영에 관한 법률」과 해당기관 설립 근거법에 규정되어 있다.

❝ 기관의 임원은 임원추천위원회를 구성하여 공개모집 또는 추천, 혼합방법 등을 통해 모시게 되는데 임원추천위원회는 기획재정부에서 관리하는 '공기업·준정부기관 경영에 관한 지침'을 기준으로 기관마다 자체 규정을 마련하여 임원추천위원회를 구성하고 선발의 절차를 거친다. 임원추천위원회는 인사부서에서 진행하는 경우도 있으나, 법인관리를 하는 기획부서에서 직무를 수행하는 예도 있어 기관에 따라 업무분장을 어떻게 하느냐에 따라 다를 수 있다. **❞**

나. 실무업무

공공기관 이사회는 「공공기관의 운영에 관한 법률」에 그 설치 근거가 있으며, 기관마다 설립 근거법 또는 정관에 이사회 설치와 임원에 관한 사항을 명시하고 있다.

1) 이사회 구성

이사회는 임원으로 구성하고 기관장과 상임이사, 비상임이사로 구분한다. 상임이사는 기관에 출근해 직원과 같은 근무 시간에 정상적인 업무를 수행하는 임원을 말한다. 즉 기관장과 상임이사를 말하며 기관장의 임기는 3년, 상임이사의 임기는 2년이 일반적이다. 비상임이사는 기관에 출근하지는 않지만, 기관의 주요 사항에 대한 의결권을 가지고 있다. 비상근이사의 임기는 2년이 일반적이다. 비상임이사 중에는 당연직 비상임이사도 있는데 당연직은 기관의 주무기관 국장급 간부가 임명되고 임기는 해당 보직자의 재임기간과 같다. 감사도 공공기관의 규모에 따라 상임감사(상임감사위원)와 비상임감사로 구분할 수 있는데 해당 기관의 법령 또는 정관에 관련 사항을 규정하고 있다. 감사는 이사회에 참석하나 의결권을 갖지 못하고 이사회 개최 요구하거나 의견을 개진할 수는 있다.

공공기관 임원을 선발하기 위해서는 '임원추천위원회'를 통해서 선발해야 한다. 임원추천위원회는 임원을 선발하기 위해 이름을 가가 분인

다. 예를 들어 비상임이사추천위원회, 감사추천위원회, 기관장추천위
원회 등의 이름을 붙인다. 임원추천위원회의 역할은 해당 기관의 결원
이 된 임원을 추천하는 것이 핵심이다. 임원추천위원회의 업무절차는
다음과 같다.

(1) 임원추천위원회 추진계획 수립

새롭게 임원을 선임해야 할 사유[37]가 발생하면 급박한 경우를 제외하
고는 2개월 전부터 준비한다. 기관의 관련 규정에 임기종료 2개월부
터 임원 선임을 위한 절차를 추진하도록 규정화 되어 있다. 임원은 단
순히 일반 직원을 선발하는 것이 아니라 기관을 2년에서 3년간 운영할
경영진을 선발하는 과정이기 때문에 주무기관과 일정 및 추천방법 등
에 대한 사전협의가 필요하다. 임원선발 소요기간과 추진일정, 공고내
용, 외부위원 후보자 선임방법 등 임원추천위원회 운영과 관련된 전반
적 사항에 대한 추진계획안을 수립하여 주무기관과 협의 후 계획을 확
정하고 임원추천위원회 구성 및 운영을 위한 업무를 추진한다.

---

37   공공기관에서 임원을 선발해야 하는 경우는 크게 두 가지이다. 하나는 결원이 발생한
경우이다. 임원의 임기는 보장되어 있으나 결격사유가 발생하면 해임 또는 중도 사퇴를 하는
경우가 발생하여 임원선발 절차를 진행해야 하고 다른 하나는 임기가 종료되는 임원이 발생
할 경우이다. 이런 경우가 일반적인 경우로 보통 임기종료 2개월 전부터 임원선발을 위한 절
차가 진행된다. 공공기관운영법 및 해당기관 근거법과 내규 등에 규정되어 있다.

(2) 임원추천위원회 구성

임원추천위원회 구성은 이사회에서 결정하는데 이사회에 임원추천위원회 구성(안)을 심의안건으로 상정하여 이사회에서 구성안이 통과해야 임원추천위원회가 구성된다. 임원추천위원회는 내부위원과 외부위원으로 구성하며 외부위원을 위원회의 과반수 이상을 한다. 내부위원은 비상임이사 위주로 구성(당연직 비상임이사 포함)하고 외부위원은 관련분야 전문가 위주로 구성한다.

> **❝** 외부위원은 공공기관별 자체 규정에 따라 자격조건이 명시되어 있다. 관련 학계 전문가나 구성원의 추천을 받은 자 등으로 되어 있으며 배수로 추천하여 이사회에서 결정한다. 실무적으로 업무를 효과적으로 추진하기 위해 국가에서 관리하는 인재풀을 활용하기도 한다. 인사혁신처에 의뢰(공문으로 추천의뢰)하여 추천을 받아 외부위원을 선임하는 경우도 많이 있다. **❞**

(3) 임원추천위원회 운영

이사회에서 임원추천위원회가 구성되면 위원들의 일정을 조정하여 임원추천위원회 회의를 개최한다. 위원회는 2회 또는 3회 정도 회의를 진행하는데 1차 회의는 위원장 선출과 추진계획안을 확정하고 그에 따라 후속 조치를 진행한다. 후속조치는 임원을 모집하는 공고를 하고 임원 후보자의 서류를 접수하게 된다. 2차 회의는 서류심사로 진행한다. 접수된 서류에 대해서 자격조건을 검토하고 이상 유무를 확인하

후 위원들의 점수를 종합해 면접 대상자(5배수)를 선정한다. 제3차 위원회는 면접대상자를 대상으로 면접심사를 진행한다. 위원회에서는 복수(3배에서 5배수 이내, 3배수 이내일 경우 사유 명기)의 대상자를 임면권자에게 추천하게 된다.

① 1차 위원회

1차 위원회에서는 임원추천위원회를 이끌어갈 위원장을 호선으로 선출하고 추진 일정 등에 대해서 확정한다. 세부적인 사항으로는 모집방법(공개모집, 추천방식, 병행방식 등)을 결정하고 공고안에 대해서 심의하며 향후 회의 일정을 조율한다.

> **❝** 1차 위원회에서 중요한 사항은 임원 모집방법과 서류심사 방법 및 면접심사 실시여부를 결정하는 것이다. 모집방법은 공개모집이 일반적인 방법으로 일반 국민을 대상으로 자격조건이 되는 모든 사람에게 지원의 기회를 제공하는 것이다. 가장 투명하고 공정하며 객관적인 방법이다. 서류심사에서는 추천 배수를 결정하고 배수 결정을 위한 합격선을 정해야 하며 면접심사 실시 여부를 결정해야 한다. 기관장이나 상임이사의 경우에는 반드시 면접 심사를 시행해야 하나 비상임 임원(비상임이사 및 비상임감사)은 면접심사를 미시행하는 것이 일반적이다 **❞**

> **❝** 공개모집 기간 동안 접수자가 모집인원의 3배수 이내일 경우에는 재공고한다. 1차 위원회에서 지원자 미흡일 경우 별도의 위원회 개최 없이 재공고할 수 있다고 결정해야 불필요한 위원회 개최를 사전에 예방할 수 있다.

1차 위원회에서는 임원선발 과정에서 결정해야 하는 기준을 사전에 확인해 1차 위원회에서 결정하고 진행하는 것이 중요하다. **"**

〈임원추천위원회 1차 위원회 주요 심의내용〉

1. 위원장 선출
2. 모집 방법 결정(공개모집, 추천방식, 혼합방식)
3. 공고내용 확인(공고문, 지원서류, 각종 양식 등)
   - 공공기관 내규에 명시되어 있는 방법에 따라 진행하며 기관 및 주무기관 홈페이지, 국가에서 운영하는 각종 채용사이트(알리오 · 나라일터 등), 언론사 등을 통해 알린다.
4. 서류심사 추천 배수 결정
   - 서류지원자가 모집인원의 O배수 이내일 경우 재공고를 시행하며 공고 기간은 OO일 이내로 한다. 이때 재공고 시에는 위원장에게 보고 후 진행하는 것으로 위원회에서 결정한다.
5. 면접심사 실시 여부 및 추천 배수 결정
   - 기관의 내규상 규정에 따라 업무를 진행하며 일반적으로는 비상근임원(비상임이사 및 비상임감사)은 서류심사 이후 임면권자에게 추천하고 상근임원의 경우에는 면접심사를 진행한다.
6. 향후 일정 조율
   - 서류 및 면접심사 일정을 위원 간 조율해 결정하고 회의 내용의 공개 여부를 결정한다.

② 2차 위원회

서류에 대한 심사를 시행하는 2차 위원회는 접수된 서류 대상자의 적격 여부를 확인하고 1차 위원회에서 결정한 추천 배수에 따라 면접 심사 대상자를 결정한다. 면접심사를 미시행할 때 서류심사 결과에 따라 추천자를 복수(3배수에서 5배수 이내)로 결정하여 임면권자에게 추천 후보자를 제출한다.

"비상근임원을 선출하는 임원추천위원회의 경우에는 2차 위원회에서 임면권자에게 추천대상자(3배수에서 5배수 이내)를 선정하여 제출하는 것으로 위원회의 임무는 종료된다. 추천후보자를 임면권자에게 제출할 때는 점수와 순위를 표기하지 않는다[38]. 이유는 임원추천위원회의 임무는 임원으로 선출할 수 있는 후보군을 임면권자에게 추천하는 것으로 위원회에서 순위를 결정해 추천한다면 순위에 따라 임명해야 하는 문제가 발생해 임면권자의 인사권을 침해할 우려가 있어 실무적으로는 복수 추천 시 추천후보자에 포함된 사람을 이름의 가나다순으로 추천명부를 작성해 임면권자에게 제출한다."

---

38 「공기업·준정부기관 경영에 관한 지침」 제42조(임원추천위원회의 후보자 추천) 제1항에서 임원추천위원회는 3배수 내지 5배수로 임원후보자를 선정하여 우선순위 없이 추천하되, 직위 특성, 대상 직위 수 등 불가피한 사유가 있는 경우, 그 사유를 명시하여 3배수 미만으로 후보자를 선정·추천할 수 있도록 규정하고 있다.

③ 3차 위원회

서류심사를 통과한 지원자를 대상으로 면접심사를 진행한다. 모든 임원추천위원회 위원이 참석한 가운데 '1대 多' 면접을 진행하며 구조화된 면접을 위해서 사전에 위원별로 질문 내용을 조율하고 위원의 전문 분야에 따라 질문사항을 분배한다. 담당자는 사전에 질문지를 작성해 위원들에게 제공하고 위원들이 추가로 질문지를 수정할 경우 수정한 내용으로 면접을 진행한다. 면접이 종료되면 위원들의 채점표를 회수하여 최종적으로 추천할 복수의 추천후보자를 결정하는데 점수가 집계되면 최종 합계표를 위원들에게 보고하고 서명받으면 면접심사는 종료된다.

1차 위원회에서 복수로 추천하기로 결정됐으면 그 배수에 따라 추천명부를 작성하여 추천후보자를 추천하게 된다. 이때 추천순서는 면접심사 점수 결과에 따른 순위가 아니다. 가나다순에 의한 단순한 연번으로 불필요한 오해를 없애기 위해 임면권자에게 추천할 때 연번을 부여하지 않고 추천명부를 작성할 수도 있다. 담당자는 임원추천위원회에서 추천후보자가 결정되면 기관 내규에 따라 임면권자에게 추천후보자 관련 인적사항과 신원조사에 필요한 서류를 받아 임면권자에게 제출해야 한다.

〈임원추천위원회 운영 간 생성 · 보관해야 하는 문서〉

❶ 임원추천위원회 계획
❷ 임원추천위원회 심의안건 및 회의록, 의결서(위원 서명 포함)
❸ 각종 심사 서류(위원 채점표, 합계표 등)
  * 지원자의 지원서류를 위원회 임무 종료 후 14일 이내 파기
❹ 임명권자에게 제출하는 서류 일체
  * 추천의결서(모든 위원 서명), 추천사유서, 선발경과 요약서, 후보자 이력서 등

임원추천위원회에서 추천한 후보자 중 임면권자는 신원조사 등 필요한 검증 절차를 실시하여 해당 공공기관에 가장 적합한 자를 임원으로 선임하게 된다. 임원추천위원회를 통해 추천한 후보자 중 임면권자가 최종적으로 적임자를 결정하면 이사회 구성은 완료된다.

❝ 새롭게 생기는 신설기관은 설립추진위원회에서 임원추천위원회의 기능을 수행하며 설립추진위원회에서 상임이사를 우선적으로 추천해 임면권자가 선임한다. 법인이 설립된 이후 비상임임원은 임원추천위원회를 거쳐 임면권자가 선임하는 형태이며 기존에 운영되고 있는 기관은 결원 및 임기종료에 따라 필요시 임원추천위원회를 개최하고 있다. ❞

〈임원추천위원회 의결서 작성 사례〉

	한국공공기관관리원 20○○년 비상임이사추천위원회 제1차 회의 의결서
회의일시	2023. 8. 10(목), 10:00~12:00
회의장소	경기도 수원시 컨벤션센터 3층 소회의실
참석자	위원 7인 중 6인 참석 ※ 김이사는 개인사유로 불참
회의안건	한국공공기관관리원 비상임이사 후보자 추천을 위한 비상임이사 모집방법 및 위원회 회의일정 등 결정(안)

의결사항	▶ 위원장 선출
	 • 홍길동 위원을 비상임이사추천위원회 위원장으로 선출
	
	▶ 비상임이사 후보자 모집방법 결정
	 • 한국공공기관관리원 비상임이사 후보자 모집방법은 공개모집으로 결정
	 • 공고문안은 원안대로 심의·의결
	
	▶ 면접심사 실시여부 결정
	 • 비상임이사는 한국공공기관관리원 「임원추천위원회 운영규정」 제○조의 규정에 의하여 서류심사 후 면접심사는 생략하고 선정된 후보자를 추천하기로 심의·의결함.
	
	▶ 서류심사 일정 협의
	 • 2차 회의(서류심사)는 00월 00일(금)로 잠정 결정하고 시간 및 장소는 추후 결정
	   * 추진 일정은 원안대로 심의·의결
	 • 재공고 시에는 7일간 공개모집을 실시하고, 별도의 위원회 개최 없이 일정 등을 간사가 위원들에게 보고 후 진행
	 • 재공고시에도 응모인원이 2배수 이하 또는 적격자가 없을 경우에 제2차 위원회를 개최하여 모집방법에 대해서 다시 의결하기로 함
	   ※ 임원추천위원회 회의록 및 의결서는 위원 동의 없이 외부 공개를 금지함

붙임	회의록 1부(별첨)

구분	소속 · 직위	성명	서명
위원장	○○○ 법률사무소 변호사	홍길동	
위원	○○○(중앙부처) ○○○국장	박○○	
	경영컨설팅 법인 경영지도사	최○○	
	나라 회계법인 회계사	이○○	
	한국대학교 행정학과 교수	정○○	
	한미대학교 경영학과 교수	송○○	
간사	한국공공기관관리원 기획부장	김○○	

〈임원추천위원회 심의안건 작성 사례〉

한국공공기관관리원
비상임이사추천위원회 1차 회의 안건

**한국공공기관관리원 비상임이사 후보자 추천을 위한
비상임이사 모집방법 및 위원회 회의일정 등 결정(안)**

제 출 자	한국공공기관관리원 기획부장
제출년월일	20○○년 0월 00일

1. 의결주문

■ 한국공공기관관리원 비상임이사 모집방법 및 위원회 회의일정 등을 다음과 같이 의결한다.

2. 제안이유

■ 한국공공기관관리원 비상임이사 3명의 임기가 만료됨에 따라,

– 한국공공기관관리원 「임원추천위원회 운영규정」 제○조에 의해 비상임이사 후보자 추천을 위하여 구성된 비상임이사추천위원회 운영방법, 일정 및 모집방법 등을 결정하고자 함.

〈비상임 이사 현황〉

구분	성명	소속	임기	비고
1			20○○.10.1.~20○○.9.30.	임기만료
2			20○○.10.1.~20○○.9.30.	임기만료
3			20○○.10.1.~20○○.9.30.	임기만료
4			20○○.1.1.~20○○.12.31.	
5			20○○.8.8.~재임시	당연직

* 「한국공공기관관리원 정관」제○○조에 따라 비상임이사의 임기는 2년으로 하고 임기가 만료된 임원은 후임자가 임명될 때까지 그 직무를 수행함.

3. 의결사항

1 비상임이사추천위원회 위원장 선출

■ 비상임이사 위원 중에서 호선으로 선출(「임원추천위원회」 운영규정 제○조)

> ■ 위원장 역할 : 위원장은 **회의를 통할**하고 의결에 있어 **표결권**을 가짐
> ■ 대행 : 위원장이 부득이한 사유로 직무를 수행할 수 없는 때에는 비상임이사 중 **최연장자가 그 직무를 대행**

2 비상임이사 후보 모집방법 및 공고(안) 결정

■ 위원회는 해당 결원 직위에 대한 직무수행요건, 직위의 특성 및 한국공공기관관리원의 업무상황 등을 고려하여 ① **공개모집**, ② **추천방식**, ③ **공개모집 · 추천방식 병행의 3가지방법** 중에서 비상임이사 후보자 모집방법을 결정(「임원추천위원회 운영규정」 제○조)

① **공개모집 결정시**에는 [붙임 1]의 공고문(안) 검토 승인

② **추천방식 결정시**에는 추천받을 기관, 대상, 추천인원수 및 비상임이사추천위원회 위원의 추천방법 · 인원수 등 결정

③ **공개모집 · 추천방식 병행결정**시에는 공고문(안) 검토 승인 및 추천받을 기관, 대상, 추천인원수 및 비상임이사추천위원회 위원의 추천방법, 인원수 등 결정

③ 서류심사 후 면접심사 실시여부에 대한 결정

- 비상임이사의 경우 기관특성, 모집방법 등을 감안하여 면접심사 생략 가능(「정부 지침」제○○조제○항 및 「임원추천위원회 운영규정」 제○조)

④ 향후 회의일정 및 기타 위원회 운영상 필요한 사항 협의·결정

가. 서류심사 일정

- 비상임이사추천위원회 위원 간 협의를 통해 결정

나. 면접심사 일정 : 생략가능

- 비상임이사추천위원회 위원 간 협의를 통해 결정

다. 기타사항

- 추진일정

  - **임원선발 계획(안) 확정**(임추위 심의·의결) → **모집공고 및 응시원서 접수**(0.00. ~0.00.) → **서류심사**(0.00.~0.00. 중) → **후보자 추천**(0.00.)

- 재모집 공고

  - 응모자가 모집 예정 직위수(3명)의 **3배수에 미달 하는 때** 또는 응모자에 대한 심사결과 **적격자가 없다고 판단되는 때**에는 동일한 절차에 의거 **재공고 실시**(모집 기간 단축(7일 이내) 가능) 하되, **공개모집·추천방식 병행**

    * 재공고시 「정부 지침」 제○○조 규정에 의거 진행

  - 재모집 공고에도 적격자가 없는 경우에는 비상임이사추천위원회에서 **직접 임원 후보자를 발굴**하여 추천

    * 「정부 지침」 제○○조 제○항

※붙임: 비상임이사 공개모집 공고문(안) 1부.

2) 이사회 운영

이사회는 공공기관 최고 의사결정기구이다. 공공기관 관련 법령 및 정관, 자체 내규에 규정되어 있는 결정사항을 심의의결하는데 주로 중장기 운영 및 발전계획, 연간 사업계획 및 예산·결산, 예산의 이월과 예비비 사용, 기본재산의 취득과 관리 그리고 처분, 잉여분 처분 및 정관변경, 주요 규정의 제개정 및 폐기, 임원의 보수 및 중장기인력계획 등 공공기관 운영과 관련된 전반적인 중요 사항에 대한 심의의결을 진행한다. 이사회에서 심의의결 된 사항 중 주무기관의 승인을 받아야 하는 사항도 있는데 이에 해당하는 사항은 각 공공기관의 내규에서 규정하고 있다.

이사회 운영을 1년 주기로 설명하면 크게 정기이사회와 수시 이사회로 구분할 수 있다. 명시적으로 정기와 수시로 구분하고 있지는 않지만, 실무적으로는 2월과 12월에 진행되는 이사회를 정기이사회로 하고 그 외 이사회는 안건 발생 시 이사회를 개최한다. 정기이사회는 공공기관 업무의 특성상 정해진 시기에 꼭 처리해야 하는 업무가 고정되어 있어서 반드시 2월과 12월에 실시해야 하는 안건이 존재한다. 2월 이사회에는 '전년도 회계 결산'에 관한 안건을 상정해 심의의결해야 하고, 12월에는 이사회에는'다음 연도 예산안과 사업계획'을 심의의결해야 한다. 이 두 안건은 반드시 해당 월에 진행해야 하므로 고정적으로 진행하는 정기이사회로 인식할 수 있다.

❝ 12월에 진행되는 이사회는 국회에서 다음 연도 예산이 확정되는 12월 2일 이후에 실시되는 경우가 일반적이다. 하지만 정부에서 제출된 예산안이 국회에서 크게 변동될 소지가 없다고 판단하면 11월 중에 이사회를 개최하여 예산을 확정하는 예도 있다. 12월에 모든 업무를 마감해야 하기 때문에 12월에 이사회를 진행하면 후속 조치가 미진하여질 우려가 있어 11월에 정기이사회를 개최하는 예도 있다. **❞**

이사회를 진행하기 위해서는 일정한 절차가 필요하다. 정기이사회의 경우에는 공공기관 내규상 기한이 명시되어 있어서 그 일정에 따라 안건을 준비하고 의결을 받게 되지만 그 외 안건은 발생 필요가 있을 때마다 이사회를 개최하여 심의의결을 받는다. 이사회를 담당하는 기획부서에서는 매월 이사회 안건에 대한 수요조사를 진행한다. 공문으로 이사회 안건 소요에 대해서 각 부서에 의견을 받고 상정 안건이 있는 부서에서는 상정안건을 작성하여 내부 이견을 조율하고 작성된 안건을 기획부서에 제출하게 된다. 기획부서는 제출된 상정안건에 대해서 안건번호를 부여하고 심의자료를 만들어 주무기관과 1차적으로 협의하고 협의가 완료되면 이사들에게 이사회 개최 일정을 알리고 심의안건에 대해서 사전에 설명하게 된다.

이사회 진행순서는 의장의 인사말부터 시작한다. 참석하신 이사들에게 감사의 인사를 드리고 전 회기 이사회 결과를 보고하고 이상 유무를 확인한다. 수정사항이 있으면 정정하도록 하고 특이사항이 없으면 본 회기의 이사회를 시작한다. 우선적으로 보고안건에 관해 설명한다. 심의의결 사항은 아니지만 기관의 운영 전반에 대해서 이사들과 공유해야 할 사항을 보고하는 자리이다. 이사들의 의견을 듣고 기관 운영에 반영하게 된다.

보고안건이 종료되면 본격적으로 심의안건에 대한 논의를 진행한다. 안건에 대해서 간사[39]가 안건자료를 설명하고 참석 이사들 간 논의를 진행한다. 이 과정에서 안건에 대하여 수정사항이 있으면 수정의결로 결론을 짓고, 원안대로 심의의결하면 원안의결로 마무리한다. 마지막으로 의장이 마무리 인사말을 하고 회의록 작성 이후 서명을 할 이사 3명 이내로 지정하게 된다. 회의록은 녹취록을 풀어 핵심적인 사항만을 정리하기 때문에 이사회 종료 후 2~3일의 기간이 필요하고 모든 이사에게 서명받는 것이 제한되기 때문에 일부 이사들에게 위임하여 서명토록 한다. 그리고 의결서가 완료되면 참석 이사들의 확인과 서명을 받고 이사회를 마무리한다.

❝ 상정안건에 대한 의결은 기관마다 다르며 규정에 따라 다르지만, 일반적으로 재적위원 과반수 이상 참석에 참석위원 과반수 이상 찬성으로 안건을 의결하게 된다. 안건의 경중에 따라 재적위원 2/3 참석에 재적위원 과반수 이상 찬성으로 의결되는 안건도 있다. 이는 해당기관의 내규에 규정되어 있어서 안건별로 사전에 담당자는 해당 사항에 관한 내규를 명확하게 숙지해야 한다. **❞**

---

39   이사회 간사는 기관의 내규 상에 규정하고 있는데 일반적으로 해당 기관의 기획총괄부서의 장인 기획조정실장 또는 전략기획실장 등이 간사의 임무를 수행한다. 1급 또는 수석급으로 직원 직급 중 최상위인 직원이 간사가 된다.

❝ 담당자는 이사회 시작에서부터 마무리될 때까지 녹취한다. 이사회에서 이사들의 발언은 기관 운영과 업무추진에 반영해야 하는 중요 사항이다. 이사들의 발언 취지와 의미를 해석하고 향후 계획에 반영하기 위해 녹취를 통해 정확하게 문맥을 확인할 필요가 있다. 그리고 녹취를 확인하여 회의록을 작성해야 해서 이사회 진행 과정에서 녹취는 필수적이라고 생각하면 된다. **❞**

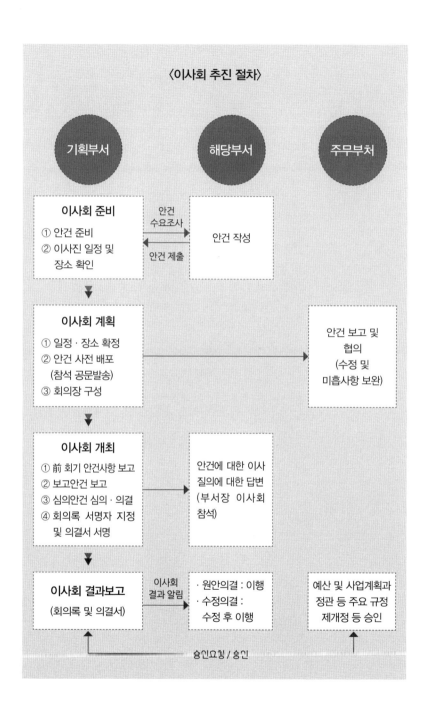

〈이사회 추진 절차〉

기획부서　　해당부서　　주무부처

이사회 준비

① 안건 준비
② 이사진 일정 및
　장소 확인

안건
수요조사 →

← 안건 제출

안건 작성

이사회 계획

① 일정 · 장소 확정
② 안건 사전 배포
　(참석 공문발송)
③ 회의장 구성

안건 보고 및
협의
(수정 및
미흡사항 보완)

이사회 개최

① 前 회기 안건사항 보고
② 보고안건 보고
③ 심의안건 심의 · 의결
④ 회의록 서명자 지정
　및 의결서 서명

안건에 대한 이사
질의에 대한 답변
(부서장 이사회
참석)

이사회 결과보고

(회의록 및 의결서)

이사회
결과 알림 →

· 원안의결 : 이행
· 수정의결 :
　수정 후 이행

예산 및 사업계획과
정관 등 주요 규정
제개정 등 승인

승인요청 / 승인

〈이사회 관련 준비 및 서류〉

❶ 회의장 준비

  * 간단한 필기구와 다과, 소형 인쇄기, 의사봉, 녹음기, 규정집 등

❷ 이사회 시나리오

  * 원활한 이사회 진행을 위해서 의장의 인사말부터 간사의 안건 설명 등 시작부
    터 끝날 때까지의 경우의 수를 고려하여 멘트를 작성해야 한다.

❸ 안건 자료(보고안건 및 심의안건)

  * 이사회 안건자료는 제본 또는 인쇄를 해 보관하는 것이 좋다. 안건자료는 안건
    별로 인쇄하거나 동일 회기 이사회 자료를 통합해 인쇄하는 경우가 있는데 기
    관의 선택에 따라 다를 수 있으며 의사결정권자의 스타일에 따라 모든 기관이
    상이하다.

❹ 회의록 및 의결서

  * 회의록은 참석 이사 중 3명 정도에게 서명을 받는 것으로 이사회 말미에 의장
    이 지정(시나리오에 해당 내용 반영)한다. 의결서는 현장에서 결정된 사항에
    대해서 작성하여 참석한 이사들의 서명을 받아 종결해야 한다.

〈이사회 심의안건 작성사례〉

안 건 번 호	제100호
심의년월일	20○○년 0월 00일 (20○○년 제0차(제0회))

심의
안건

안건명	○○규정 일부 개정(안)

제 안 자	한국공공기관관리원장
제출년월일	20○○년 0월 00일

❶ 의결주문 – 「○○규정」 일부 개정(안)을 붙임과 같이 심의 · 의결함

❷ 제안이유 – 직원 ○○○○에 대한 업무 절차를 명확히 하고자 함

❸ 주요내용 – 겸직 신청 시 기관장의 사전 허가를 받도록 함(안 제00조)

❹ 관련근거 – 「○○」 제00조

❺ 참고사항 – 본 안건은 이사회 심의 · 의결 후 시행

※붙임: ○○규정 일부 개정(안) 1부.

붙 임	○○규정 일부 개정(안)

규정 제00호

○○규정 일부 개정(안)

○○규정 일부를 다음과 같이 개정한다.

제00조를 다음과 같이 한다.

제00조(겸직 허가) ① ○○○○○○○○○○○○○○○○○○○○○○○○○○○○○○○ㅍ

② ○○○○○○○○○○○○○○○○○○○○○○○○○○○○○○○ㅍ

부 칙

이 규정은 이사회의 의결을 거친 20○○. 00. 00.부터 시행한다.

신 · 구조문대비표

현 행	개 정
제00조(겸직) ○○○○○○○○○○○ ○○○○○○○○○○○○○○. 〈신 설〉	제00조(겸직 허가) ① ○○○○○○○○○ ○○○○○○○○○○○○○, ② ○○○○○○○○○○○○○○○○○○ ○○○○○○○○○○○○○○○○○○ ○○○○○○○.

〈이사회 의결서 작성사례〉

20○○년 제○차(제○○회) 이사회 의결서

1. 일시 : 20○○년 0월 00일(수), 14:00~18:00
2. 장소 : 수원 컨벤션센터 3층 소회의실
3. 상정안건 및 결과

구분	안건명	심의결과
심의안건 제00호	20○○년 예산안 및 사업계획	원안의결
심의안건 제00호	○○규정 일부개정안	수정의결

20○○년 0월 00일

한국공공기관관리원 이사회

의 장	홍 길 동	(서명)
상임이사		(서명)
상임이사		(서명)
비상임이사		(서명)
비상임이사		(서명)
비상임이사		(서명)
비상임이사		(서명)
비상임이사		(서명)

20○○년 제 차(제 회) 이사회 회의록

1. 일시 : 20○○년 0월 00일(수), 14:00~18:00

2. 장소 : 수원 컨벤션센터 3층 소회의실

3. 출석현황 : 재적이사 0명, 출석이사 0명, 감사 1명

    가. 출석이사 :

    나. 결석이사 :

4. 의결사항

구분	안건명	심의결과
심의안건 제00호	20○○년 예산안 및 사업계획	원안의결
심의안건 제00호	○○규정 일부개정안	수정의결

5. 논의결과

【심의안건 제00호】20○○년 예산안 및 사업계획

    가. 안건 주요내용

      ① 제안이유 : 한국공공기관관리원의 2000년 예산안과 사업계획을 심의의결하고자 함

      ② 주요내용 : 20○○년 예산안 및 편성, 20○○년 주요사업계획

    나. 참석자 발언

     ■ (000 이사) 관리원 설립목적을 달성할 수 있도록 구체적인 사업목표 설정 필요

     ■ (000 이사) 사업예산이 많이 부족한 것 같음. 사업예산 확대를 위한 근본적인 대책 필요

    다. 의결결과 : 원안의결

6. 특이사항 : 없음

위 결의의 명확을 기하기 위하여 기명날인 또는 서명함

20○○년 0월 00일

의　장	홍길동	(서명)
비상임이사		(서명)
비상임이사		(서명)

│ 내규관리 │

가. 개념설명

공공기관은 통일되고 표준화된 기준에 따라 업무를 수행한다. 설립 근거법에 따라 조직을 구성하고 설립목적을 달성하기 위한 사업을 추진하는데 일정한 틀 속에서 효율적으로 업무를 수행하기 위해 기준을 마련해야 한다. 쉽게 말해 관료제와 동일하게 조직체계 속에서 신속한 의사결정과 업무의 효율성을 극대화하기 위한 표준 매뉴얼을 만들어야 한다. 모든 구성원이 동일한 형태로 업무를 처리하고 정해진 절차에 따라 업무를 수행해야 하기 때문이다.

공공기관의 업무는 반복적으로 진행하기 때문에 매년 다른 형태와 절차에 의해 업무를 진행한다면 일관성·연속성 있게 업무를 추진하기 어려워진다. 기관 내 통일된 하나의 기준을 마련하여 모든 업무를 통일성 있게 진행해야 하는 이유다. 기관의 통일된 기준을 '내규(內規)'라고 하는데 법령체계와 동일하게 상위법에 근거하여 하위 법령과 조직 내 규정을 만들어 통일된 일처리를 한다.

공공기관의 내규체계는 정관을 상위 개념으로, 하위체계로 규정과 시행세칙, 지침 순으로 내규를 제정·관리한다. 내규는 목적과 업무에 따라 명칭과 역할이 다른데 정관은 기관을 대표하는 최상위 내규로 정관에 따라 기관을 운영한다고 생각하면 된다. 정관에는 기관의 설립목적과 주요사업, 임원구성, 주요 규정에 근거가 되는 조항들이 있으며 정관을 제개정할 때에는 이사회 심의의결과 주무기관의 승인을 받아야 되고 법원에 변경신고를 해야 한다.

정관에서 위임한 세부적인 사항은 규정으로 구체화한다. 주로 인사·복무·회계·직제·보수규정 등이 이에 속하며 주요 규정을 제개정하기 위해서는 이사회에서 심의의결해야 되며 주무기관의 승인을 받아야 한다. 주요 규정을 시행하기 위해서 실행 규정을 만드는데 이를 '시행세칙'이라고 한다. 주요 규정에서 실질적으로 시행해야 하는 행위를 위임하여 시행세칙을 제정한다. 한 예로 「인사규정」에서 위임하는 세부적인 실행 규정을 「인사규정시행세칙」에서 구체화하는 것이다. 시행세칙에서 위임하거나 업무 매뉴얼화 할 필요가 있는 내용은 지침으로 하여 세부적인 실행사항을 구체화하고 있다. 내규를 제정하고 개정하기 위해서는 일정한 절차가 필요한데 이러한 절차는 「내규관리규정」에 명시한다.

❝ 공공기관은 「정관−규정−시행세칙(규칙)−지침」의 내규체계를 가지고 있다. 명칭은 기관마다 다를 수 있으나 법령체계와 유사한 체계 속에서 통일된 기준에 의해 업무를 수행한다. 기관의 내규체계와는 별도로 노(勞)와 사(社)가 함께 합의해서 직원들의 근로조건 전반에 관해서 기준을 마련하는 규정이 있는데 이를 '단체협약'이라고 한다. 단체협약은 「노동조합 및 노동관계조정법」에 따라 노와 사가 제정하는 것으로 「근로기준법」 제96조에 따

라 기관에서 만든 내규보다 우선적으로 적용을 받는다. 기관에서 만든 내규가 단체협약을 위반하게 되면 그 부분에 한해서는 단체협약을 따르게 된다. **"**

" 「근로기준법」에서 말하는 취업규칙은 기관에서 제정한 인사 · 복무 · 보수규정과 유사한 내용으로 근로자의 근로조건과 관련된 주요 내용을 규정하도록 법에서 명시하고 있다. 취업규칙은 기관에서 별도로 취업규칙을 제정해야 하는 것은 아니고 「근로기준법」에서 규정하고 있는 내용에 대해서 기관에서 운영하고 있는 규정상에 반영하고 있으면 그 규정들을 취업규칙을 인정한다. 그래서 고용노동부에 신고하기 위해서 별도의 취업규칙을 제정할 필요는 없으며 기관에서 제정한 근로조건과 관련된 규정을 신고하면 된다. **"**

나. 실무업무

기관의 내규를 제정 및 개정하기 위해서는 정해진 절차에 따라 업무를 진행한다. 이러한 사항을 명시한 규정이 「내규관리규정」이다. 기관에 따라 명칭은 다를 수 있으나, 공공기관에서는 내규라는 표현을 일반적인 모든 규정을 포괄적으로 표현하고 있다. 내규를 제개정하기 위해서는 표준화된 절차에 따라 업무를 추진해야 한다. 우선 내규의 제개정권은 기관장에게 있다. 하지만 기관장 마음대로 고치고 만드는 것이 아니라 정해진 절차를 준수해 구성원에게 적용된 내규를 제개정해야 한다. 다만 정관 및 주요규정은 이사회의 심의의결을 거쳐 주무기관의 승인을 받아 시행한다.

내규의 제개정 절차는 다음과 같다.

① 내규를 새로 제정하거나 개정하고자 하는 부서에서는 초안을 만들고 이해관계부서와 협의를 하여 수정 및 보완사항에 대해 검토를 한다. ② 검토가 완료되면 기관장 또는 상임이사(본부장)에서 초안을 보고하고 내부 의견수렴 절차를 거친다. 내부 의견수렴과정에서 수정·보완사항이 있을 경우 수용여부에 대해서 검토하고 해당 사항을 의견을 낸 부서에 공문으로 전달한다. ③ 내부 의견수렴 절차가 완료되면 감사부서에 부패영향평가를 의뢰하고 의뢰결과 이상이 없을 경우 ④ 기관 내 내규심의위원회에 안건으로 상정하여 심의를 받는다.

내규심의위원회는 기획부서 총괄 부서장(직원 1급, 수석급)을 위원장으로 5명 이내의 부서장(2급, 책임급)을 위원으로 하여 위원회를 구성한다. 주요 기능은 내규의 제개정의 적정성을 검토하고 다른 내규와의 상충, 용어와 문구의 순화 등 내규의 전반적인 사항을 심의하게 된다. 내규의 제개정(안)을 제출한 부서장은 위원회에 참석하여 위원들에게 안건에 대해서 설명할 수 있다. 내규심의위원회 결과 원안의결일 경우에는 후속조치(기관장 결재 또는 이사회 안건 상정)를 취하고, 수정의결은 수정사항에 대해서 반영하여 후속조치(수정보완 후 기관장 결재 또는 이사회 안건 상정, 별도로 위원회 안건 재상정은 하지 않아도 됨)를 취하면 된다. 보류 및 재검토 결과가 나올 경우 해당부서에서는 위원회의 의견을 검토하여 제개정안을 재상정할지 결정하고 위원회 의견을 반영한 새로운 제개정안을 제출할 수 있다.

⑤ 내규심의위원회 결과에 따른 후속조치(내부 결재 및 이사회, 주무기관 승인)를 실시하고 제개정이 완료되면 ⑥ 해당부서는 모든 부서에 내규의 제개정 사실을 공지하고 기획부서에 내규관리 요청을 한다. 기획부서는 내규관리대장에 등록·관리하고 공공기관 경영정보 공개시스템(알리오)에 제개정 내규를 등록하면 내규의 제개정 업무는 마무리된다.

❝ 내규관리업무를 수행할 때 검토를 많이 해야 하는 부분은 기관장 승인으로 제개정을 할 수 있는 내규인지 아니면 이사회까지 안건을 상정해 심의의결해야 하는 것인지를 구분하는 것이다. 정관상에는 일반적으로 주요규정으로 인사·복무·회계·보수·직제규정 등을 이사회에서 심의의결하게 되어 있는데 규정이란 이름으로 만들어진 일반 내규도 이사회에서 심의해야 하는지가 문제가 될 수 있다. 그래서 규정이란 용어를 사용하지 않고 시행세칙으로 내규 명칭을 변경하는 경우도 있으나 주요규정은 임직원의 신분 또는 근로조건과 관련된 사항이기 때문에 「감사규정」이나 「위임전결규정」 등과 같이 통상적으로 사용하는 규정은 기관장 승인으로 제개정을 하는 것이 일반적이다. ❞

❝ 시행세칙이나 지침은 상위규정에서 위임한 범위 내에서 내규를 제개정해야 한다. 상위규정을 위반하거나 업무범위를 넘어서 시행세칙이나 지침

을 제개정할 수는 없다. 그럴 경우 그 부분에 한해서 무효가 될 수 있다. 내규체계와 별도로 업무를 수행함에 있어 기관 모든 구성원에게 적용해야 할 사항이 발생할 수 있는데 이때에는 업무매뉴얼이나 가이드라인으로 만들어 기관장 승인을 받고 시행할 수도 있다. **"**

" 근로자의 근로조건과 관련된 사항을 개정하기 위해서는 「근로기준법」 제94조에 따라 근로자 의견 및 동의 절차를 받아야 한다. 규정 개정으로 인해 근로자의 근로조건이 불이익하게 변경되는 경우에는 반드시 근로자 과반수 이상의 동의를 받아야 하는데 일반적으로 근로자 개개인의 서명을 받아 개정을 한다. **"**

한국공공기관관리원 내규 제개정 및 폐지 절차

- **개요**
  - 관리원 내규의 제·개정 절차를 표준화하여 업무효율성을 높이고 구성원 의견수렴을 통해 내규에 대한 이해도를 향상시키고자 함

- **관련근거 : 내규관리규정 제○조**

- **내규 제정 및 개폐 절차**
  - 관리원 내규를 제·개정하고자 할 경우, 초안 작성·관계부서 협의 및 의견수렴·내부 검토·심의·승인·등록·관리 및 시행의 절차 적용
    ① (초안작성) 운영부서는 제·개정하고자 하는 **내규의 초안을 작성하여 해당부서 본부장까지 초안 검토**
    * 두 개 이상 본부와 관련된 규정의 제·개정은 기관장에게 사전 보고
    → 내규 제개정의 초안은 기관의 규정에 따라 관장 또는 상임이사(본부장)에 보고 (기관마다 다름)
    ② (관계부서 협의 및 의견수렴) 관계부서와 협의 후 모든 부서 또는 구성원의 의견을 수렴하여 수정·보완 사항을 확인하고 반영 여부 검토
    * 부서(구성원) 의견수렴은 7일 이내(의견수렴 방법은 협조공문 형식으로 모든 부서에 발신)
    ** 의견수렴 종료 후 감사팀에 부패영향평가 의뢰
    ③ (내규검토) 주관부서에서 내규의 중요성 및 적용범위, 이해관계자, 타 내규와의 관계 등을 검토하여 심의위원회 상정 여부 결정
    * 내규의 경중에 따라, 위원회 상정 없이 내규검토 만으로 종결할 수 있고 심의위원회 서면심의도 가능
    ④ (심의) 내규심의위원회를 개최하여 내규 제개정의 타당성과 타 내규와의 관계(이해충돌 등), 조문의 형식 등에 대한 심의
    * 다른 위원회에서 내규 제개정 심의를 받을 경우 내규심의위원회 심의 절차는 생략 가능
    (예: 인사위원회 심의 대상 규정(인사/직제규정 등), 노사협의회 심의 대상 규정(노사협의회 운영규정 등))
    ⑤ (확정) 내규심의위원회 심의 결과를 반영하여 **운영부서는 이사회 안건 상정 또는 기관장 승인을 받아 내규 제·개정 확정**
    * 기획부서는 내규심의위원회 결과를 공문으로 운영부서에 알림하고 운영부서는 결과를 바탕으로 관장 승인 후 전 부서 제·개정 알림 실시

⑥ (등록 · 관리) 운영부서는 이사회 또는 관장 승인을 받은 후 주관부서에 승인 여부를 통지하고 주관부서는 내규관리대장에 등록하여 관리

  * 내규 제 · 개정 사항은 알리오에 등록(주관부서에서 등록관리)

※붙임: 내규 제 · 개정 세부 절차 1부. 끝.

| 붙임 | 내규 제 · 개정 세부 절차 |

구분	시행주체	주요내용	비고
① 초안작성	운영부서	• 규정 제개정 필요성 발생 시, 사유와 신구대조 등을 작성하여 운영부서 차원의 내부 검토 • 해당 본부 본부장까지 보고(기관장 보고 가능)	
② 관련부서 협의 및 의견수렴	운영부서	• 이해관계부서와 사전 협의 • 모든 부서(구성원) 의견수렴 절차 시행(7일 이내) *의견수렴은 협조공문으로 진행하며 수신자는 관리원 모든 부서로 함 • 이해관계부서와 의견수렴 과정에서 나온 수정 및 보완사항이 있을 경우 반영여부는 운영부서에서 판단 → 감사팀에 부패영향평가 의뢰	
③ 내규검토	주관부서	• 주관부서는 운영부서에서 제출한 내규 제개정(안) 검토 – 내규의 중요성, 타 규정과의 관계 등을 고려하여 심의위원회 상정 여부 결정 * 간단한 사항(문구 수정, 쟁점 無 등)은 주관부서 검토로 종결하고 경중에 따라 서면심의도 가능	
④ 심의	주관부서	• 내규심의위원회에 안건을 상정하여 심의 – 제개정(안)에 대한 위원회 차원의 심의 – 이해충돌, 쟁점사항, 문구수정 및 조항 개정 등 • 심의결과, 운영부서에 알림 ※ 다른 위원회에서 심의하는 규정은 내규심의위원회 심의 대상에서 제외	
⑤ 확정	운영부서	• 심의위원회 결과를 반영하여 운영부서에서는 내규 제개정(안) 확정 – 이사회 상정 안건은 이사회 최종 심의 결과를 반영 · 확정, 기관장 승인 사항은 기관장에게 보고 후 확정 *「정관」에서 규정한 중요 규정은 이사회 심의 후 주무기관 승인 이후 확정	
⑥ 등록 · 관리	주관부서	• 운영부서는 최종 확정된 규정을 모든 부서에 협조공문으로 알림 • 주관부서는 확정된 규정을 관리대장에 등록관리하고 알리오에 등록	

07
공시와 사업실명제

|　공　시　|

가. 개념설명

공공기관은 설립 근거법에 따라 정부의 출연금 또는 보조금, 자체 수입금 등으로 운영한다. 법령에 따른 공적인 업무를 수행하는 공조직의 성격이 강하기 때문에 예산을 적정하게 사용하고 있는지, 기관의 운영은 투명하게 진행하고 있는지를 對 국민을 대상으로 공개하도록 「공공기관 운영에 관한 법률」에서 규정하고 있다. 공개 대상이나 범위, 항목 등은 매년 증가하는 추세이다. 자세한 공개내용은 공공기관 경영정보 공개시스템인 '알리오'에서 확인할 수 있다.

공공기관 경영정보 공개시스템(알리오)은 2005년 5월 공공기관 CEO 혁신토론회에 구축계획이 발표되고 최초 20개 항목을 공시하는 것에서부터 출발했다. 2023년 현재는 ① 새로운 공시환경 변화를 반영하고 ② 국정과제 등 정책과제 추진을 뒷받침하며 ③ 통합공시 점검기준 구체화 및 정책점검기능을 강화하는 방향으로 통합공시 기준을 전면 개편하여 시행 중이다. 투명하고 효율적인 공공기관 운영을 위해 시대의 흐름과 변화에 부합하기 위해 ESG[40]를 고려한 항목이 신규로 반영됐다.

〈공시 개편 현황〉

기존	개편
대항목(5개)–항목(41개)–세항목(99개)–세세항목(126개)	대분류(4개)–중분류(15개)–항목(46개)–세항목(98개)–세세항목(118개)

※자료: 공공기관 통합공시(알리오) 전면 개편(기획재정부, 보도자료, 2023.2.3.)

공시 관련 법령은 「공공기관의 운영에 관한 법률」 제11조 및 제12조, 「공공기관의 운영에 관한 법률 시행령」 제16조, 「공공기관의 혁신에 관한 지침」 제12조~제16조, 「공공기관의 통합공시에 관한 기준」을 근거로 공공기관 경영정보 공개시스템을 통해 對 국민을 대상으로 공개하고 있다. 공시는 「공공기관의 운영에 관한 법률」 제4조에 따라 공공기관으로 지정된 기관 및 그 부설기관[41]을 대상으로 한다. 2023년 현재 경영공시 대상 공공기관은 347개(공기업 32개, 준정부기관 55개, 기타공공기관 260개)이다. 경영공시의 목적은 공공기관 경영정보를 투명하고 신속하게 전달하여 국민감시를 강화하고 공공기관 운영의 효율성을 향상하기 위해서다.

---

40 ESG란 환경(Environment), 사회(Social), 지배구조(Governance)의 약자로 기업이나 기관의 장기적 가치와 지속가능성을 환경, 사회, 물리적 가치 등 비재무적 측면을 말한다.

41 부설기관은 모기관의 정관 등에 의해 예산 및 정원 등 별도 운영관리되는 기관을 의미함

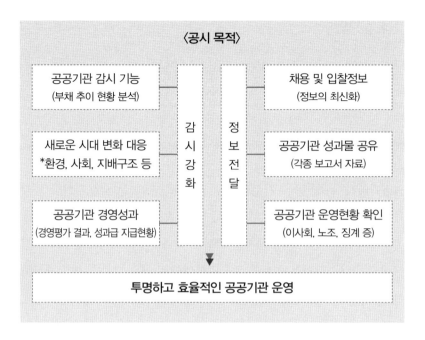

〈공시 목적〉

공공기관 감시 기능 (부채 추이 현황 분석)	감시강화	정보전달	채용 및 입찰정보 (정보의 최신화)
새로운 시대 변화 대응 *환경, 사회, 지배구조 등			공공기관 성과물 공유 (각종 보고서 자료)
공공기관 경영성과 (경영평가 결과, 성과급 지급현황)			공공기관 운영현황 확인 (이사회, 노조, 징계 증)

투명하고 효율적인 공공기관 운영

공시는 관련 법령에 따라 경영공시와 통합공시로 구분될 수 있는데 경영공시는 공공기관이 인력, 보수, 재무 등 경영 관련 정보를 「공공기관의 운영에 관한 법률」 제11조에 따라 공시하는 것을 말하며 공공기관 홈페이지에 자체 공시하는 것을 의미한다. 통합공시는 기획재정부가 공공기관의 경영공시 사항 중 주요 사항을 표준화하고 통합하여 공시하는 것으로 정부에서 운영하는 공공기관 경영정보 공개시스템에 공시하는 것을 말한다. 실무에서는 경영공시를 통합공시와 큰 차이 없이 말하고 있으며 공공기관 자체 홈페이지에 경영공시가 공공기관 경영정보 공개시스템과 연동될 수 있게 구현하고 있다. 경영공시 관련 법령에 따라 최근 5년간의 자료를 게시하는 것을 원칙으로 하고 있다.

나. 실무업무

1) 공시주기

공시는 정기공시와 수시공시로 구분한다.

정기공시[42]는 연간을 기준으로 분기별로 진행하는데 분기별로 공시해야 하는 항목이 별도로 지정되어 있다. 임직원 수, 보수, 부채정보, 복리후생비 등 연간 경영성과를 확인할 수 있는 주요 정보를 정기공시에 진행한다. 간단한 예로 기관의 일반현황은 연간 1회 1분기에 공시하고 임직원 수는 분기별로 공시한다.

> **❝** 공시항목마다 갱신주기(연간, 반기, 분기별)가 달라서 기획재정부에서 편찬한 「공공기관의 통합공시에 관한 기준」〈별표 1〉 통합공시 항목별 세부 공시기준을 확인할 필요가 있다. **❞**

수시공시는 주요 사유 발생일을 기준으로 14일 이내에 공시해야 한다. 채용정보, 입찰정보, 이사회 회의록, 내규의 제개정 등 활용성과 적시성이 높고, 정보제공이 중요한 항목은 수시로 공시를 진행한다. 수시공시는 적시성이 중요하기 때문에 채용정보는 공고 당일까지 공시하고, 전형단계별 결과 업데이트는 결과 확정 후 14일 이내 공시해야

---

42 정기공시 시기는 1분기는 4월 말, 2분기는 7월 말, 3분기는 10월 말, 4분기는 다음 연도 1월 말에 진행한다.

한다. 입찰 정보도 원칙적으로는 당일까지이며, 나라장터 연계 입찰공고는 다음날까지이다.

> ❝ 수시공시 항목 중 채용정보는 단계별로 지원자와 합격 인원을 공시하게 되어 있다. 대표 저자가 2018년에 이와 같은 개선사항을 기획재정부에 제출하여 기관명으로 우수상을 받은 경험이 있다. 당시 제안했던 안은 국가 전문자격시험과 같이 단계별로 합격 점수와 개인 점수를 공개하자는 의견을 제시했었는데 그 부분까지는 반영되지 않아 아쉬움이 있다. ❞

2) 공시항목

통합공시 항목은 2023년 현재 46개이다. 분야별로 구분하면 기관 운영 16개 항목, 경영성과 13개 항목, ESG 운영 12개 항목, 대내외 평가 등 5개 항목이 있다. 기관 운영은 일반현황, 인력, 보수, 복리후생, 노조, 소송, 자문 등이 있으며 ESG 운영은 ESG 경영현황, 환경(온실가스 감축 실적, 녹색제품 구매 실적 등), 사회(안전관리, 인권경영, 장애인 고용률 등), 지배구조 등이 있다. 경영성과는 재무성과, 사업 및 투자, 중장기 재무관리계획 등이 있고, 대내·외 평가는 대내·외 평가(주무기관 감사, 경영평가, 국회 등), 정보공개가 여기에 속한다. 기존과 2023년 개편의 큰 차이는 통합공시 분류체계가 변경됐다는 것이다. 기존은 대항목이 5개였으나, 이번 개편에서는 대분류 중분류로 구분하여 구체화한 것이 큰 특징이다.

〈2023년 통합공시 분류체계 및 공시항목〉

- (현행) 대항목(5개)–항목(41개)–세항목(99개)–세세항목(126개)
- (개편) 대분류(4개)–중분류(15개)–항목(46개)–세항목(98개)–세세항목(118개)

22년		23년 개편		
대항목(5개)	항목(41개)	대분류(4개)	중분류(15개)	항목(46개)
I. 일반현황	일반현황 1개	I. 기관운영	일반현황	일반현황, 내부규정 2개
II. 기관운영	임직원수, 신규채용, 직원평균보수, 복리후생, 환경보호, 인권경영 등 20개		인력관리	임직원수, 임원현황, 신규채용 등 7개
			보수관리	임원연봉, 직원 평균보수, 업무추진비 등 3개
			복리후생	복리후생비 등 2개
			노동조합	노동조합 현황 1개
			소송 및 자문	소송 현황 1개
III. 주요사업 및 경영성과	재무상태표, 손익계산서, 감사보고서 등 13개	II. ESG 운영	ESG현황	ESG 경영현황 1개
			E(환경)	환경보호 1개
			S(사회)	안전관리, 인권경영, 장애인 고용률 등 7개
			G(지배구조)	이사회 회의록, 자체 감사부서 현황 등 3개
IV. 대내외 평가	경영평가, 청렴도 평가, 국회 등 외부지적사항 등 5개	III. 경영성과	재무성과	재무상태표, 손익계산서 등 7개
			사업 및 투자	주요사업, 주자집행내역 등 3개
			중장기 재무관리	중장기 재무 관리계획 등 3개
V. 정보공개	계약정보, 연구보고서 2개	IV. 대내외 평가 등	대내외평가	경영평가, 국회 등 외부지적사항 등 3개
			정보공개	계약정보, 연구보고서 2개

※자료: 공공기관 통합공시(알리오) 전면 개편(기획재정부, 보도자료, 2023.2.3.)을 바탕으로 재구성함

3) 공시관리

공시는 기관에 대한 신뢰와 직결되기 때문에 책임자를 지정해야 한다. 불성실·허위 공시에 대한 책임소재를 명확하도록 공시항목별 작성자, 감독자 및 확인자를 지정하고 이를 함께 공시해야 한다. 일반적으로 감독자는 감사부서의 책임자가 그 역할을 수행한다. (「공공기관의 혁신에 관한 지침」 제13조)

(1) 공시 변경

공시 내용 중 오류, 오탈자, 일정 변경, 내용 업데이트 등 공시된 보고서에 수정이 필요한 경우 수정된 보고서를 작성 후 권한을 받아 재공시(수정공시)를 한다. 업무 담당자가 기관 내부 결재를 받아 기획재정부에 수정 권한을 요청하고 기획재정부에서 검토 후 승인 또는 반려 처리하는 것이 절차이다.

수정하고자 하면 내부적으로 수정항목과 수정 사유, 수정 전·후 내용 등을 명확하게 작성하여 보고하고 결재를 얻은 후 기획재정부에 공문으로 제출해야 한다. 기획재정부에서는 수정공시가 타당한지를 검토하여 반영 여부를 결정하는데 이러한 절차가 없도록 사전에 공시 내용을 정확하고 꼼꼼하게 확인하는 것이 중요하다. 기획재정부에서 승인 시에는 공시보고서를 재작성하여 다시 제출하거나 게시판 내용을 수정하여서 저장하면 된다. 이때 알리오 시스템에는 정오표 수정 사유, 수정 전후 내용이 포함하여 공개한다.

> ❝ 실무업무를 하다 보면 공시 내용에 오류가 발생하는 경우가 자주 있다. 작성 담당자들이 작성 기준을 이해하지 못하거나 작성 과정에서 누락 또는 단순 오기 등을 범하는 경우가 발생한다. 이는 기관의 신뢰와 직결되는 문제이기 때문에 경영공시 담당자는 각 부서에서 제출되는 공시항목별 작성 내용을 기획재정부에 제출하기 전에 반드시 재확인해야 한다. ❞

(2) 공시점검

공시는 투명하고 효율적인 기관의 운영을 위하여 중요하다. 공시 내용에 오류가 발생하거나 불성실하게 공시하면 기관의 신뢰성과 도덕성에 큰 문제가 발생한다. 불성실 공시의 경우 벌점이 부과되고 경영평가에도 감점 요인으로 반영된다. 불성실 공시에 대한 벌점 부과 기준은 정기공시와 수시공시를 나눠 적용하는데 공시 별로 적용기준이 다르다.

미공시ㆍ허위 공시ㆍ공시오류는 정기 1.5점~5점, 수시 0.75점~3점의 벌점이 부여되고 지연공시는 1점~2.5점, 공시 변경은 0.01점~0.1점의 벌점이 부여된다. 벌점이 연간 20점을 초과하면'기관주의'조치가 취해지고 연간 벌점이 40점을 초과하면 '불성실공시기관'으로 지정된다. '기관주의'기관은 개선계획서 제출과 불성실공시 예방 교육을 받아야 하고, '불성실 기관'으로 지정되면 개선계획서 제출, 불성실공시

예방교육, 알리오나 기관 홈페이지 게시, 관련자 인사 조처 등의 불이익이 발생한다.

공시를 성실하게 무오류로 업무를 수행했을 때는 인센티브가 주어지는데 우수공시기관(무벌점 기관(공기업·준정부기관 3년, 기타공공기관 2년)) 또는 공시향상기관(2년 연속 벌점 전년 대비 50% 이상 감소)으로 지정된다. 우수공시기관은 다음 연도 점검면제와 알리오·기관 홈페이지에 우수공시기관으로 게시할 수 있다. 공시향상기관은 알리오나 기관 홈페이지에 지정 게시를 할 수 있다. 공시업무는 기획재정부에서 작성하는 '통합공시 매뉴얼의 작성지침'을 정확하게 이해하고 적용하는 것이 중요하다. 공공기관 경영정보 공개시스템상에 입력하거나 공시보고서를 제출할 때 관련 지침을 정확하게 숙지하고 업무를 수행하기를 바란다.

⟨불성실공시에 대한 벌점기준⟩

1. 정기공시

불성실 유형	위반내용	벌점
1. 미공시	주요항목을 고의 또는 중과실로 미공시하는 경우 세항목별 과점	5점
	주요항목을 경과실로 미공시하는 경우 세항목별 과점	3점
	기타항목을 고의 또는 중과실로 미공시하는 경우 세항목별 과점	3점
	기타항목을 경과실로 미공시하는 경우 세항목별 과점	1.5점
2. 허위공시	고의 또는 중과실로 주요항목에서 사실과 다른 내용을 공시하여 외부기관으로부터 적발된 경우 세항목별 과점	5점
	고의 또는 중과실로 기타항목에서 사실과 다른 내용을 공시하여 외부기관으로부터 적발된 경우 세항목별 과점	3점
3. 공시오류	경과실로 주요항목에서 사실과 다른 내용을 공시하여 외부기관으로부터 적발된 경우 세항목별 과점	3점
	경과실로 기타항목에서 사실과 다른 내용을 고시하여 괴부기관으로부터 적발된 경우 세항목별 과점	1.5점
4. 공시변경	사실과 다른 경영정보를 공시하여 이를 기관에서 수정한 경우 세항목별 수정횟수당 과점	0.5점

1) 주요항목 및 기타항목의 분류는 기획재정부 장관이 통합공시 매뉴얼 작성시 정하여 통보한다.
2) 중과실은 공시담당자가 쉽게 예견할 수 있는 오류(수치오류, 중요사항 누락·오기 등)로 해당 항목의 내용 및 의미가 달라지는 경우(연계항목의 내용 변경, 기초사실의 왜곡 등), 경과실은 공시항목의 내용에 실질적인 변화를 주지 않는 기재 오류를 의미한다.
3) 정기공시에서 세세항목이 있는 경우는 세세항목별로 과점한다. 세항목 및 세세항목의 분류는 기획재정부 장관이 통합공시 매뉴얼 작성 시 정하여 통보한다.

※자료: 공공기관 통합공시 매뉴얼, 전자문서 작성지침(기재부, 2023.3.)을 바탕으로 재구성

2. 수시공시

불성실 유형	위반내용	벌점
1. 미공시	공시사항을 미공시한 경우 사유발생 횟수별 과점	3점
2. 지연공시	공시사항의 공시시한일부터 6개월 경과 이후 공시한 경우 공시 횟수별 과점	2.5점
	공시사항의 공시시한일부터 1개월 경과 이후 공시한 경우 공시 횟수별 과점	2점
	공시사항의 공시시한일부터 1주일 경과 이후 공시한 경우 공시 횟수별 과점	1.5점
	공시사항의 공시시한일부터 1주일 이내 공시한 경우 공시 횟수별 과점	1점
3. 허위공시	「임직원 채용정보」 이외의 항목에서 고의 또는 중고실로 사실과 다른 내용을 공시하여 외부기관으로부터 적발된 경우 공시 횟수별 과점	3점
	「임직원 채용정보」 항목에서 고의 또는 중과실로 사실과 다른 내용을 공시하여 외부기관으로부터 적발된 경우 공시 횟수별 과점	1.5점
4. 공시오류	「임직원 채용정보」 이외의 항목에서 경과실로 사실과 다른 내용을 공시하여 외부기관으로부터 적발된 경우 공시 횟수별 과점	1.5점
	「임직원 채용정보」 항목에서 경과실로 사실과 다른 내용을 공시하여 외부기관으로부터 적발된 경우 공시 횟수별 과점	0.75점
5. 공시변경	「입찰정보」, 「임직원 채용정보」 이외의 항목에서 사실과 다른 경영정보를 공시하여 이를 기관에서 수정한 경우 세항목별 수정횟수당 과점	0.1점
	「입찰정보」, 「임직원 채용정보」 항목에서 사실과 다른 경영정보를 공시하여 이를 기관에서 수정한 경우 세항목별 수정횟수당 과점 〈조정계수〉 – 상기 2개 항목 공시 건수의 합계가 100건 이하인 경우 1 – 상기 2개 항목 공시 건수의 합계가 100건 초과 1,000건 이하인 경우 2 – 상기 2개 항목 공시 건수의 합계가 1,000건 초과 5,000건 이하인 경우 4 – 상기 2개 항목 공시 건수의 합계가 5,000건 초과인 경우 10	0.1점*1 /조정계수

※자료: 공공기관 통합공시 매뉴얼, 전자문서 작성지침(기재부, 2023.3.)을 바탕으로 재구성

| 사업실명제 |

　공공기관은 사업추진의 투명성과 책임성을 강화하기 위해 「공공기관의 혁신에 관한 지침」에 따라 사업실명제를 시행해야 한다(의무사항). 적용 대상은 「공공기관의 운영에 관한 법률」 제4조 및 제6조에 따른 공공기관이 해당한다. 공개사항은 대상사업 사업명, 사업기간, 사업비, 사업관계자(입안자, 관련자, 결재자), 사업추진 실적 및 대상사업 내역서가 되겠다.

　사업실명제를 추진하기 위해서는 관련 지침에 따라 사업실명제 심의위원회를 구성·운영해야 한다. 기획업무를 총괄하는 부서장을 위원장으로 5인 이상으로 구성하며 외부위원은 30% 이상으로 구성한다. 위원회에서는 ① 주요 국정현안에 관한 사항, ② 재무적 영향이 큰 대규모 사업, ③ 국민생활과 밀접한 주요 서비스 제공사업 등을 선정하여 관리한다. 위원회 개최 방법은 기관에 따라 다르지만, 일반적으로 대면회의를 통해서 올해의 사업실명제 대상사업을 선정하고 선정기준에 따른 실적을 관리하게 된다. 위원회 운영은 기관별로 내규 또는 별도 계획에 의해 결정해 시행하고 있다. 사업실명제 심의위원회는 인사위원회 또는 이사회와 같이 업무의 중요도가 높은 위원회는 아니기 때문에 위원회를 서면 회의로 진행하는 경우도 있다.

새로 설립된 신설기관은 사업실명제 대상사업 선정기준을 위원회에서 심의의결해야 한다. 그 선정기준에 따라 사업실명제 대상사업이 결정되기 때문이다. 일반적으로 관련 지침에서 규정한 사항을 세부적으로 기관의 여건에 따라 세부적으로 구분하는데 주요 국정현안(국정과제)에 관한 사항은 혁신성장, 일자리 창출 관련 사업, 사회적책임 실현 강화 관련 사업, 탄소중립, ESG 경영 실현 사업 등으로 구분할 수 있고, 재무적 영향이 큰 주요 사업은 일정 규모 이상의 사업(액수는 기관의 재정적 여건과 규모 등을 고려하여 결정하는데 기타공공기관의 경우에는 2억 이상에서 5억 미만으로 함), 기관의 재무구조에 영향을 미칠 것으로 예상되는 사업 등으로 구분하여 사업실명제 대상사업을 선정한다.

사업실명제 추진 절차는 내부적으로 대상사업 공모를 통해 대상사업을 선정하고 부서별로 선정된 대상사업의 사업내역서를 작성하여 심의위원회에 안건을 상정한다. 위원회에서는 상정된 안건에 대한 심의의결을 하고 확정된 대상사업을 기관 홈페이지에 공고하게 된다. 매년 2월에서 3월에 사업실명제 대상사업을 기관 홈페이지에 공개하고, 완료사업 또한 기관 홈페이지에 공개한다.

“ 사업실명제 관련 업무는 업무의 난이도 및 중요도가 높은 업무는 아니다. 보통 입사한 지 2년 차 정도의 경력과 경험이 있는 직원이 업무를 담당하며 업무추진 절차 및 진행은 이사회 운영과 유사하여서 업무를 배우기 좋은 직무이다. 외부위원을 섭외하고 자료를 만들고 회의를 준비하면서 이해관계자와의 협의 과정을 익힐 수 있고 이해관계를 풀어가면서 업무를 배

울 수 있는 좋은 사례가 될 수 있다. 사업실명제는 연초에 업무를 추진하면 1분기 이내에 기관 홈페이지에 관련 자료를 공개하면 각 사업부서에서 관련 사업을 추진하고 그 결과를 기획부서에 알려주면 기획부서에서는 완료사업과 계속 진행사업을 확인하면 된다.

업무의 난이도와 중요도를 일률적으로 판단하기는 어렵지만 경력이 적은 주임급 직원이 업무를 담당해도 이상 없이 소화할 수 있는 수준의 업무이다. 한 단계 한 단계 난이도가 있는 업무를 배워가며 자신만의 행정업무 스킬을 키우는 것이 중요한데 사업실명제 업무가 내가 업무를 배워갈 수 있는 좋은 직무라는 생각이 든다. **"**

〈사업실명제 심의위원회 안건 사례〉

안 건 번 호	제100호	심의 안건
심의년월일	20○○년 0월 00일 (20○○년 제0차(제0회))	

안건명	사업실명제 대상사업 선정기준

제 안 자	기획부서장
제출년월일	20○○년 0월 00일

1. 의결주문

20○○년 사업실명제 대상사업 선정기준을 붙임과 같이 심의의결함

2. 제안이유

한국공공기관관리원의 투명한 경영과 책임성을 제고하기 위해 사업실명제 대상 사업 선정기준을 확정하고자 함

3. 주요내용 : 대상사업 선정기준

1) 주요 국정현안(국정과제)에 관한 사항

- 혁신성장, 일자리 창출 관련 사업
- 사회적 책임 실현 강화 관련 사업
- 탄소중립 및 ESG 경영 실현 관련 사업 등

2) 국민생활과 밀접한 주요사업

- 서비스 제공범위, 관련 이해관계자 수, 예산 규모의 측면에서 국민생활과 밀접한 관련이 있다고 판단되는 사업

3) 재무적 영향이 큰 주요사업

- 일정 규모 이상의 사업(2억 이상)
- 기관의 재무구조에 영향을 미칠 것으로 예상되는 사업 등

4. 관련근거

■ 「공공기관의 운영에 관한 법률」 제0조 및 제0조, 공공기관 지침」 제○○조

5. 참고사항

■ 본 안건은 위원회 심의의결 이후 시행

※붙임: 1. 정책실명제 대상사업 선정기준 1부.
　　　　2. ①사기관 사업실명제 대상사업 선정기준 비교 1부. 끝.

1. 의결주문

20○○년 사업실명제 대상사업 선정기준을 붙임과 같이 심의의결함

2. 제안이유

한국공공기관관리원의 투명한 경영과 책임성을 제고하기 위해 사업실명제 대상
사업 선정기준을 확정하고자 함

3. 주요내용 : 대상사업 선정기준

1) 주요 국정현안(국정과제)에 관한 사항

– 혁신성장, 일자리 창출 관련 사업

– 사회적 책임 실현 강화 관련 사업

– 탄소중립 및 ESG 경영 실현 관련 사업 등

2) 국민생활과 밀접한 주요사업

– 서비스 제공범위, 관련 이해관계자 수, 예산 규모의 측면에서 국민생활과 밀접
한 관련이 있다고 판단되는 사업

3) 재무적 영향이 큰 주요사업

– 일정 규모 이상의 사업(2억 이상)

– 기관의 재무구조에 영향을 미칠 것으로 예상되는 사업 등

4. 관련근거

■ 「공공기관의 운영에 관한 법률」 제O조 및 제O조, 공공기관 지침」 제○○조

5. 참고사항

■ 본 안건은 위원회 심의의결 이후 시행

※붙임: 1. 정책실명제 대상사업 선정기준 1부.

2. 유사기관 사업실명제 대상사업 선정기준 비교 1부. 끝.

유사기관 사업실명제 대상사업 선정기준 비교

    1. 주요 ○○○○에 관한 사항
    2. 대규모 예산이 투입되는 사업
    3. 일정 ○○○○○○○○ 용역
    4. 법령 또는 자치법규의 제개정 및 폐지
    5. ○○○○ 장관이 정한 절차에 따라 국민이 신청한 사업
    6. 그 밖에 ○○○○가 필요한 사업

유사기관 사업실명제 대상사업 선정기준 비교

	○○○○○○○○관리원	○○○○연구원	○○○○협회
1	주요 국정 현안(국정과제)에 관한 사항 – 혁신성장, 사회적가치 실현 – 그린·디지털 뉴딜정책 관련 사업	주요 국정현안에 관한 사항	주요 국정현안(국정과제)에 관한 사항 – 정부 국정과제 관련 사업 – 관련 법령에 따른 주요 사업
2	재무적 영향이 큰 사업	재무적 영향이 큰 대규모 사업 – 예산에서 차지하는 비중이 10% 이상인 사업	재무적 영향이 큰 사업 – 총사업비 2억원 이상의 사업 – 기관 재무구조에 영향을 미칠 것으로 예상되는 사업
3	기관의 임무와 역할을 대표하는 사업 – 기관의 대표성을 띠는 사업	기관의 임무와 역할을 대표하는 서비스 사업 – 법 및 정관에서 정한 기관 고유사업은 원칙적으로 실명제 대상사업에 포함	국민생활에 미치는 영향이 큰 주요 서비스 제공 사업 – 협회의 임무와 역할을 대표하는 서비스 제공 사업
4	국민생활과 밀접한 관계가 있거나 대국민 홍보가 집중적으로 필요한 사업	국민생활과 밀접히 관련이 있다고 판단되는 사업	대국민 홍보가 집중적으로 필요한 사업 등
5	기타 심의위원회에서 필요하다고 인정한 사업	그 밖에 중점관리가 필요한 기관의 핵심사업 – 공공기관 정상화 관련 과제 – 국회, 감사원 등 외부기관 지적사항 등	–

〈사업실명제 사업내역서 사례〉

사업실명제 사업내역서

사업실명제 등록번호	20○○-00	담당부서 작성자	기획부 (홍길동/연락처/메일주소)		
사 업 명	중장기 발전계획 수립				

사업개요 및 추진경과	■ 추진배경 　– 기관의 전략체계를 진단하여 기관이 나아가야 하는 중장기 발전계획 수립 및 방향성 재정립 필요 ■ 추진기간 : 20○○. 0.~20○○. 00. ■ 사업비 : ○○억원 ■ 주요내용 　– 대내·외 경영환경 분석 및 사업별 세부 실행과제 도출, 기관 중장기계획('00.~00.) 및 미래 경영전략('00.~00.) 연계 등 　– 관리원의 가치체계와 경영전략 도출(단계별 이행과제 포함) ■ 추진경과 및 일정 　– 20○○. 0. : 일상감사 의뢰, 사전규격 및 입찰 공고 　– 20○○. 0. : 제안서 접수 및 평가 　– 20○○. 0.~ : 연구용역 추진 　– 20○○. 00. : 이사회 심의의결 　– 20○○. 00. : 내부결재 및 공개(기관 홈페이지)

사업수행자 (관련자 및 업무분담 내용)	■ 최초 입안자 및 최종 결재자 　– 최초 입안자 : 직책 홍길동 　– 최종 결재자 : 한국공공기관관리원 김관장 ■ 사업 관련자

구분	성명	직급	수행기간	담당업무 (업무분담 내용)
경영본부	박본부	본부장	'20.0.~00.	사업 총괄
기획실	이둘샘	1급	'20.0.~00.	사업 총괄
기획부	김하나	2급	'20.0.~00.	사업실무 총괄
기획부	홍길동	3급	'20.0.~00.	사업 수행

추진실적	– 신규 사업으로 해당없음

| 마무리 글 |

– 전하고 싶은 이야기 –

공공기관을 효율적으로 관리 할 수 있는
방안에 대한 제안

공공기관에서 근무하면서 아쉬움을 가지고 있는 게 있다. 공공기관에 재직하는 직원이 약 41만 5천여 명[43]이고, 공공기관으로 지정·고시된 기관은 2023년 현재 기준으로 347개이다. 공공기관은 기관의 규모와 인력, 사업 형태에 따라 사업 부문은 업무의 성격에 차이가 난다. 하지만 경영 부문은 모든 공공기관이 기본적으로 수행해야 하는 업무는 동일[44]하다. 경영 부문 관련 일반행정 업무는 모든 공공기관에서 유사하게 업무를 수행하는데, 왜 공무원 조직과 같이 직무별로 표준화된 매뉴얼이나 가이드라인은 없을까 하는 궁금증이다.

43　일반직 35만 8,420명, 무기계약직 5만 6,665명임(자료 공공기관 경영정보 공개시스템, 2022년 말 기준)

44　공공기관 경영부문은 「공공기관의 운영에 관한 법률」과 그 하위 법령에 따라 기획재정부에서 일괄 관리하기 때문에 기획에서부터 감사까지 모든 일반행정업무가 같은 형태로 진행한다. (기타공공기관도 기획재정부의 지침에 따라 주무기관의 관리를 받으며 행정업무를 수행하고 있다.)

공무원 조직은 전체의 인사와 복무, 채용, 징계, 교육 등을 전담하는 부처[45]가 존재한다. 해당 부처에서 공무원 전체에 적용하는 기준을 마련하여 시행하는데, 공무원과 유사한 기능을 수행하는 공공기관에는 왜 표준화된 가이드라인 없는지 의문이 든다. 공공기관을 위해 직무와 관련된 연구와 교육, 인사·조직 등 제도를 설계하는 기관이 없어서 그러지 않을까 하는 생각이 든다.

그래서 그 이유를 생각해 봤다.

공공기관을 별도로 관리할 기관의 필요성이나 적절성(시기적 문제)을 아직 느끼지 못하는 거 같다. 공공기관 관리는 기획재정부와 주무기관에서 관리·감독권을 가지고 있다. 공공기관 관련 법령은 기획재정부의 관리를 받으며 공기업·준정부기관을 기준으로 지침을 만든다. 기타공공기관도 그 지침을 준용해 업무를 수행한다. 하지만 모든 업무를 규정화해서 진행하는 데는 법령에 한계가 있다. 경영 부문과 관련해서 실무에서 궁금하고 해답을 제공할 존재가 없는 것이 현실이다. 법령을 만들고 공공기관에 적용되는 각종 지침을 만드는 공무원은 공공기관 재직자가 아니기 때문에 공공기관 내 어떤 문제가 있고, 어떤 어려움이 있는지 크게 고민하고 깊이 생각하지 않았을 것이다. 그럴 이유가 없기 때문이다. 공공기관은 기획재정부와 주무기관의 지시와 관련 법령에 따라 업무를 수행하는 집행기관일 뿐이고 그 속에서 업무를 수행하는 임직원에 대한 운영은 해당 기관의 문제라고 생각할 수 있다. 사

---

45   인사혁신처는 공무원의 채용에서부터 교육, 복무, 인사 등 전반에 대한 설계업무를 수행한다. (소청심사위원회 및 국가공무원인재개발원을 소속기관으로 가지고 있다.)

회적 이슈와 도덕적 해이만 없다면 관심을 두고 있지 않아도 되는 존재가 바로 공공기관이 아닐까 생각한다. 그래서 아직 공공기관을 통합해 관리할 수 있는 기관의 필요성을 느끼지 못한다고 생각한다.

실무 중에 공공기관에서 일정한 역할을 수행하는 기관이 있었으면 좋겠다는 생각이 든 몇 가지 사례를 중심으로 적어보겠다. 개인적인 생각임을 분명히 말하며, 아직 어떠한 학문적 연구 성과가 있는 것은 아님을 밝힌다. 현재 박사 과정인 저자가 앞으로 연구[46]해 보고 싶은 분야이다.

▒ ① 공공기관 임직원 역량 강화를 위한 전문 교육·연구기관

공무원은 승진이나 직급별, 과정별 표준화된 교육체계를 가지고 있다. 정부 차원에서 일원화된 교육체계를 만들어 승진자에 대해서는 일정한 수준의 지식과 업무역량을 발휘할 수 있도록 교육하고 있다. 그러한 역할을 국가공무원인재개발원에서 수행한다. 그리고 부처별로 공무원들의 전문 역량을 강화하기 위한 별도의 교육기관을 가지고 있다.

---

46   대표 저자는 현재 경기대에서 행정학 박사 과정에 있다. 주요 관심 분야는 공공기관 관련 부분이다. 아직 공공기관은 경영평가와 관련된 부분에 관해서는 많은 연구가 이루어졌으나, 공공기관 자체(조직이나 인력 등 기관 운영 관련)를 연구한 사례는 극히 드물다. 재직자와 연구자 입장에서 공공기관을 이렇게 하면 국가 전세에 도움이 되는 소식으로 만들 수 있을지를 연구해보고 싶다.

공공기관도 이와 유사한 기능을 수행하는 교육기관이 필요하다는 것이다. 공공기관은 순환보직을 통해 다양한 행정업무를 수행한다. 새로운 업무가 부여되면 본인 힘으로 업무를 수행하거나 도제식으로 선임의 도움을 받아 업무를 익힌다. 운이 좋아 배움을 받을 수 있는 선임이 있다면 다행이지만 그렇지 않으면 업무를 수행하는 데 많은 어려움을 겪는 것도 사실이다. 실무에서 느끼는 어려움을 해결해 줄 수 있는 기관이 필요한 시점이라고 생각한다.

공공기관 임직원이라면 기본적으로 갖춰야 하는 소양 교육에서부터 전문 역량을 발휘할 수 있는 전문 영역까지 공공기관 재직자를 위한 체계적인 교육체계가 필요하다. 공공기관 재직자의 역량 강화는 직무 수행 수준을 한 단계 향상시킬 수 있는 계기가 될 것이다. 이는 곧 對 국민 서비스 향상을 의미한다. 실무자가 해당 업무에 대해서 이해하고 알아야 전문성을 발휘해 성과를 낼 수 있고, 교육을 통해서 다른 기관의 사례를 확인해 기관 간, 직무 간 경쟁을 할 수 있다.

그리고 신설기관 내 연구기능을 추가하여 공공기관 직무에 대한 표준 매뉴얼을 연구해 보급해야 한다. 실무에서 궁금한 사항을 종합해 행정지침을 만든다면 공공기관 실무자 입장에서는 업무를 효율적으로 추진하는 데 많은 도움이 될 것이다. 여기에 하나 더 말하면 현재 국가에서 만든 국가직무능력표준(National Competency Standards)은 일반 기업 중심으로 만들기 때문에 공공기관에서 수행하는 직무와는 다른 부분이 많이 있다. 이런 부분을 연구해 '공공기관 직무표준'을 만든다면 실무자나 취업을 준비하는 취업준비생들에게 많은 도움을 줄 수 있을 것으로 생각한다.

교육기관에 필요한 예산[47]은 現 시점을 기준으로 별도의 추가 예산소요 없이 진행할 수 있다. 각 기관에 편성된 교육 예산을 활용하면 되기 때문이다. 모든 공공기관은 매년 임직원 역량 강화를 위한 적게는 몇 천만 원에서, 많게는 몇십억 원의 교육예산을 편성한다. 각 기관에서 편성한 교육예산을 활용한다면 추가적인 정부예산 없이 교육·연구기관을 운영하는 데 문제가 없을 것이다.

▧ ② 공공기관 채용을 종합 관리할 수 있는 전문기관

기획재정부는 공공기관 채용과 관련된 각종 지침을 공공기관에 하달한다. 하지만 기관마다 어떻게 운영되고 채용 과정에서 의문점이나 문의사항 등이 발생하면 물어 볼 수 있는 기관이 현재는 없는 상태이다. 담당자가 판단해 내부적인 결정에 따라 업무를 진행한다. 그 과정에서 기관이 하는 결정이 올바른 방법인지 정확한 결정인지도 모르는 경우가 있을 수 있다. 공공기관 행정업무를 담당하는 직원들은 순환보직을 해서 직무 전문성에 한계가 있다. 정확한 가이드라인과 궁금증에 대한

47　347개 공공기관의 교육 예산을 평균 1억 원으로 추정했을 때 약 347억 원의 교육 예산을 산출할 수 있다. 그중 각 기관에서 활용할 수 있는 예산을 절반으로 생각한다면 약 170여 억 원의 교육예산을 매년 확보할 수 있다는 계산이 나온다. 단순 계산이지만 이 예산을 신설 기관의 사업예산으로 활용한다면 별도의 예산 투입 없이 신설기관 사업을 운영할 수 있다.

해답을 제시해 줄 수 있는 기관이 필요한데 현재는 그러한 기능을 수행할 수 있는 기관이 존재하지 않는다는 게 문제이다.

전체 공공기관을 봤을 때 매년 많게는 수만 명, 적게는 몇천 명 단위로 채용을 진행한다. 채용을 전문적으로 관리하는 기관에서 연간 채용인원과 채용 시기를 국가전문시험[48]처럼 매년 연초에 공지한다면 공공기관에 취업하고 싶은 취업준비생들은 그 일정에 맞게 준비할 수 있다. 그리고 채용을 추진 중인 기관별로 채용 전반에 대한 과정을 검토해주고 문제 될 위험 요소는 사전에 배제할 경우 공정 채용을 실현할 수 있다고 생각한다. 기관별 채용 진행 현황도 알리오 시스템을 이용하든가 아니면 별도의 공공기관 채용관리 시스템을 마련해 채용 전 과정을 공개하고 개개인의 점수와 합격 기준 점수를 개인에게 공개해 공정한 채용을 실현할 수 있는 제도적 장치도 마련할 수 있다고 본다. 마지막으로 각 기관에 있는 모든 채용 관련 데이터를 한곳에서 보관·검토·연구해 더 나은 채용제도를 마련하는데 필요한 자료로 활용할 수 있을 것이다. 물론 일반 국민에게 제공할 수 있는 데이터를 생산하는 것도 가능하다.

---

48   한국산업인력공단에서 주관해 시행하는 국가자격시험과 전문자격시험은 큐넷(Q-net)이란 사이트를 통해서 각종 자격증의 시험일정을 공지하며, 개인의 합격 여부와 점수까지 공개하고 있다.

③ 공공기관 징계 재심을 담당하는 전문기관

공공기관은 내규상에 직원 징계에 관한 사항을 규정하고 있다. 해고에서부터 견책까지 징계 양정기준에 따라 사안의 경중을 고려하여 징계위원회에 회부 된 직원에 대한 징계 심의를 진행한다. 공공기관 징계 절차에서 심각하게 고민해 봐야 할 쟁점은 재심 제도의 운용과 관련이 있다. 공공기관 징계위원회 원심과 재심의 징계권자는 같다. 같은 기관에서 원심과 재심을 진행하기 때문에 인사권이 있는 기관장이 징계권자가 되는 것은 어찌 보면 당연할 수 있다. 기관에 따라 원심과 재심의 위원을 같거나 다르게 구성할 수 있다. 원심과 재심의 징계위원을 같게 구성하는 것도 문제지만 최종적으로 징계를 결정하는 징계권자가 같은 게 가장 큰 문제가 아닌가 생각한다. 원심과 재심의 징계권자가 같은데 직원 입장에서 재심을 신청하는 것도 부담일 것이고, 재심을 신청한다고 받아들여질지도 의구심이 든다. 재심을 개최해 결과가 나와도 과연 원심과 얼마나 차이가 있을지 궁금하다. 현재 공공기관 경영정보 공개시스템(알리오)상에서는 징계 재심 현황을 따라 관리하지 않기 때문에 정확한 재심 현황을 확인하기 어렵다.

공공기관 임직원은 징계사유가 발생할 때 해당 기관에서 징계를 받는데 이는 인사권이 기관장에게 있어서 당연한 일이다. 하지만 징계에 이의를 제기할 경우, 해당 기관에서 다시 동일 건으로 재심을 진행하는 문제가 발생한다. 공무원의 경우 원심은 해당 기관에서 진행하지만 재심은 제삼의 기관에서 받는다. 즉 일반직 공무원은 인사혁신처 소속

소청심사위원회에서 재심을 진행하는데 이는 원심과 재심의 주관 기관이 다르다는 것을 의미한다. 공공기관 직원들은 재심을 해당 기관에서 진행하기 때문에 재심을 신청하는 비율이 극히 낮을 것으로 추천된다.

공공기관 임직원이 잘못한 부분에 대해서 합당한 처분을 받을 수 있도록 제도적 보완이 필요하지 않을까 하는 생각이다. 실질적으로 기관 내에서 원심 결과에 이의제기해 재심을 통해 징계처분을 감경받는다는 것은 현실적으로 어렵다고 생각한다. 같은 기관에서 계속 근무해야 하는 직원 입장에서는 동일 건으로 재심까지 신청할 수 있는 여건이 보장되기에는 현실적으로 제한 요소들이 너무 많다. 이를 보완하기 위해서 공공기관 직원에 대한 재심은 제삼의 기관에서 진행하는 것이 타당하지 않을까 하는 생각이다.

④ 공공기관을 전문으로 연구할 수 있는 전문기관

2023년 기준으로 347개의 공공기관이 있으며 그 속에서 근무하는 임직원은 413,272명(2023년 3월 기준, 알리오)이다. 공공기관이라는 단일 직업군에서는 대단한 규모이지만 공공기관의 조직 및 인력, 설립과 종료, 운영 및 관리 방안 등에 대해서 체계적으로 연구하는 전문기관은 현재 없다. 기획재정부에서 각종 공공기관 관련 지침이나 가이드라인을 제시하지만, 실질적으로 실무에서 적용하기 위해서는 세부적인 설명자료와 그 직무나 제도 등에 관한 확인 및 확답을 해줄 수 있는 기관이 현시점에서는 필요하다고 생각한다. 그래야 담당자가 확신을 가지고 업무를 주도적으로 추진할 수 있다.

현재 한국조세정책연구원 내 공공기관연구센터에서 이와 유사한 기능을 수행하고 있지만 실무적으로는 접근하긴 어려운 측면이 분명히 있다. 경영평가와 관련된 기능을 주로 수행한다는 생각이 강하게 든다. 현재 공공기관연구센터에서 수행하는 기능을 확대하거나 전문 연구기관을 신설해 공공기관 전반의 인력과 조직(컨설팅 및 진단), 기관의 설립과 종료 검토(타당성 분석 등), 운영과 관리 등을 연구하고 그 결과에 따른 결과물을 공공기관이 활용할 수 있도록 제도적으로 체계를 마련해야 한다고 생각한다.

⑤ 공공기관 직원을 위한 법령 필요

공공기관 직원은 '準 공무원'이라는 말을 듣는다. 행정적·법적 용어는 아니지만 일반 국민은 공공기관 직원을 공무원으로 오해하는 경우가 종종 있다. 왜일까? 하는 업무가 유사하고 국가 예산으로 인건비 및 운영비를 충당하기 때문이 아닐까 생각한다. 각 기관의 설립 근거법에도 일정 업무에 대해서는 공무원과 같은 처분을 받도록 규정되어 있어 그럴 수도 있다고 생각한다. 실무업무를 하다 보면 공공기관 직원들은 공무원도 아니고 「근로기준법」의 근로자도 아닌 애매한 위치에 있다는 생각이 든다. 법상으로는 「근로기준법」 상의 근로자지만 각 기관의 내규상에는 공무원과 유사한 규정이 명시되어 있어 「근로기준법」의 근로자와는 다른 조항들이 많이 있다.

예를 들어 공무원에 적용되는 징계 내용 중 파면과 해임이 있는데 이는 해고와 같으나, 공공기관 인사 규정상에는 파면과 해임을 구분하고 있다. 공무원의 경우에는 파면과 해임이 연금과 깊은 연관이 있지만 공공기관 직원은 파면과 해임을 굳이 구분할 필요는 없다. 공무원이 그렇게 징계하니깐 불필요한 구분을 하는 것이다. 파면과 해임은 공공기관 직원에게는 해고와 같고 구분하는 게 별 의미가 없다. 이외에도 근로기준법을 적용받는 공공기관 직원들에게 「국가공무원법」에 근거해 적용받는 것들도 상당수가 있다. 공무원도 아니고 근로자도 아닌 애매한 중간자 위치에서 있다는 의미이다. 공공기관은 중앙부처 공무원들이 감사를 진행하기 때문에 공무원을 기준으로 감사를 진행하니 법적 차이에서 오는 오해와 이견이 발생할 수도 있다.

「공공기관의 운영에 관한 법률」을 개정을 통해 공공기관 직원의 신분을 명확하게 하고 법적 보호를 받을 수 있도록 하는 것이 어떨까 하는 개인적인 생각이다. 개인적으로는 공공기관운영법에서 지정한 공공기관 임직원은 「국가공무원법」을 적용받을 수 있도록 검토하는 것도 좋은 방안이라고 생각한다.

한국공공기관관리원(가칭) 설명자료

- **목적**
  - 공공기관 설립목적에 따른 인력 및 조직, 사업 운영의 적절성과 타당성 검증
  - 공공기관의 도덕적 해이 및 방만 경영 등 관리체계 확립
    - * 공공기관 임직원에 대한 법적 정의 마련 및 주부부처와의 관계 재설정

- **적용대상**
  - 「공공기관의 운영에 관한 법률」에 의해 지정된 공공기관과 각종 법률에 따라 설립된 법정기관
  - 정부 출연금 또는 민간경상보조금을 지원받는 기관 및 협회
  - 공공기관운영법에 의해 지정된 공공기관 산하 자회사

- **관리주체 : 기획재정부**

- **주요 기능**
  - 공공기관을 대상으로 국가 예산이 집행되는 경영 부문에 대한 검증(인사·조직) 및 감사, 관련 연구(평가 포함)·교육사업, 대상 기관 징계 재심 등의 기능 수행
  ① 공공기관 인력 채용 전반에 대한 검토 및 관련 데이터 분석·관리 연구
    - * 채용 검증 과정(서류·필기·면접)에서 비위 사항 발생 시, 시정요구권 부여
  ② 전체 공공기관에 정기적으로 조직 및 인력, 사업 전반에 대한 경영 컨설팅 (적절성 평가)
    - * 준정부기관 이상 3년에 1회, 기타 공공기관 5년에 1회에 정기적인 경영 컨설팅을 3개월에서 6개월 범위에서 실시(공공기관 의무 적용)
  ③ 공공기관 경영평가 주관(공기업, 준정부기관, 기타공공기관)
    - 공공기관 관련 정책 연구 및 조사
    - 공공기관 직무표준 개발
  ④ 공공기관 운영과 관련하여 비리와 비위 등에 대한 감사
    - 공공기관 감사에 관한 업무를 신실법인에서 통합 주신

⑤ 공공기관 임직원의 역량 강화 및 직무개발 등을 위한 교육개발원 운영
- 공공기관에 적합한 직무교육체계 개발 및 교육
- 직급에 따른 필수교육 연구 및 직급별 교육(승진자 대상 필수교육)
- 임원 임명 시 의무교육 추진
⑥ 공공기관 임직원의 징계 재심
- 공공기관 임직원의 권익과 인권 보호를 위해 징계 재심절차 강화
  * 관리원의 부설기관으로 별도 운영
  (재심 기구의 독립성 보장 : 예산 및 인사권 등)

■ **기대효과**
- 공공기관 경영 부문의 업무 통일성 확보와 투명한 예산집행, 국민의 알권리를 보장하여 ① 對 국민서비스 향상 및 ② 공공기관 제공 데이터를 바탕으로 新 산업 창출

■ **후속조치**
- 한국공공기관관리원(가칭) 설립근거법 제정 또는 공공기관운영법 개정

개인적으로 공공기관에서 근무하면서 스스로 의문을 가졌던 내용을 나열했다. 이와 같은 기능을 수행할 수 있는 기관을 설립해 공공기관 임직원의 궁금증과 갈증을 조금이나마 해소해 줬으면 한다. 이 책에서 자주 나오는 한국공공기관관리원(가칭)이 이런 기능들을 수행하면 어떨까 하는 생각을 조심스럽게 한다. 정부의 인사혁신처와 같은 기관을 만들어 공공기관에 적용했으면 좋겠다. 모든 공공기관 임직원들이 자기 분야에서 전문성을 가지고 자신감 있게 업무를 추진했으면 하는 생각에서 개인적인 의견을 제시하며 이 책을 마무리하고자 한다.

| 참고 자료 |

1. 2020년 행정업무운영편람(행정안전부)

2. 2023년 대한민국 공공기관(국회예산정책처, 2023.4.)

3. 출연금 현황 및 개선과제(국회예산정책처, 2022.5.)

4. 2023년 공기업·준정부기관 경영평가편람(기획재정부)

5. 공공기관의 운영에 관한 법률

6. 국가재정법

7. 보조금 관리에 관한 법률

8. 근로기준법

9. 공기업·준정부기관의 경영에 관한 지침(기획재정부)

10. 공공기관의 혁신에 관한 지침(기획재정부)

11. 공공기관의 통합공시에 관한 기준(기획재정부)

12. 2023년도 공기업·준정부기관 예산운용지침(기획재정부)

13. 2023년도 예산안 편성 및 기금운영계획안 세부작성지침
    (기획재정부)

14. 2023년도 예산 및 기금운영계획 집행지침(기획재정부)

15. 기획재정부 부두자료
    (2022년 8월 18일, 2022년 12월 13일, 2022년 12월 26일,
    2023년 1월 30일, 2023년 5월 26일)

공공기관 기획쟁이 따라하기

초판 1쇄 인쇄 2023년 08월 31일
초판 1쇄 발행 2023년 09월 07일
지은이 김태균 | 김창술 | 이범수

펴낸이 김양수
책임편집 이정은
편집·디자인 안은숙
교정 김현비

펴낸곳 휴앤스토리
출판등록 제2016-000014
주소 경기도 고양시 일산서구 중앙로 1456(주엽동) 서현프라자 604호
전화 031) 906-5006
팩스 031) 906-5079
홈페이지 www.booksam.kr
블로그 http://blog.naver.com/okbook1234
포스트 http://naver.me/GOjsbqes
인스타그램 @okbook_
이메일 okbook1234@naver.com

ISBN 979-11-89254-90-2 (13320)

맑은샘, 휴앤스토리 브랜드와 함께하는 출판사입니다.